U0596545

TOWARDS GOOD GOVERNANCE
AT THE COUNTY LEVEL
EVIDENCE FROM SHUNDE

走向县域善治

顺德经验

陈那波　黄伟民　王穗风

等 —————— 著

中国出版集团
东方出版中心

图书在版编目（CIP）数据

走向县域善治：顺德经验 / 陈那波等著. — 上海：
东方出版中心，2022.11
ISBN 978-7-5473-2077-8

Ⅰ.①走… Ⅱ.①陈… Ⅲ.①县－地方政府－行政管
理－经验－顺德区 Ⅳ.①D625.654

中国版本图书馆CIP数据核字（2022）第186357号

走向县域善治：顺德经验

著　　者　陈那波　黄伟民　王穗风　等
责任编辑　徐建梅
封面设计　青研工作室

出 版 人　陈义望
出版发行　东方出版中心
地　　址　上海市仙霞路345号
邮政编码　200336
电　　话　021-62417400
印 刷 者　上海盛通时代印刷有限公司

开　　本　890mm×1240mm　1/32
印　　张　10
字　　数　194千字
版　　次　2023年9月第1版
印　　次　2023年9月第1次印刷
定　　价　69.00元

推荐序

陈那波教授邀我为他主编的"中国善治县域研究丛书"作序，我欣然应承。几年前那波谈起这个项目时，我就很是期待。现在这些研究成果正逐步出版发行，与读者见面，填补了中国政府研究领域中的一个重要空白，可喜可贺。作序之命也给了我一个机会来认识和思考一下这个重要课题。

一

在中国国家治理的框架中，县域作为一个行政层次稳定存在，至关重要。自秦朝郡县制至今的漫长历史中，县级层次一直是国家政权最为基础的行政层次，历史上的官僚体制自上而下至县级戛然而止。当代中国的五级政府下沉延伸至乡镇政府，但乡镇政府的规模和功能不尽完善，而县级政府拥有独立财政和规划权，集架构齐全与功能完整于一体，可谓认识中国政府制度的基础所在。

在近几十年来的社会科学诸多领域中，政府研究是一个硕果累累的领域，不仅开展了大量的丰富细致的研究工作，而且形成了深入的理论讨论和知识积累。多种因素促就了这一局面：最为重要的是中国政府在社会诸多方面的主导作用，激发起学者的研究兴趣，并在这一领域中聚集了多学科的优秀人才。其次，政府与学界（如高校的公共管理学院）、官员与学者多有交流，为学术研究提供了各种渠道。这些条件似乎是其他社会背景所未有过的。

已有的政府研究有几个特点：第一，众多研究工作集中在乡镇政府层级。许多研究工作始于面向基层社会的研究课题，而乡镇政府是最为接近社会层面的政府机构，因此引起研究者的兴趣。乡镇政府与社会互动频繁，行为更为开放，便于研究者的近距离观察和深入挖掘。另外，乡镇政府结构紧凑，规模适中，进入较为方便，有利于深入研究。可以说，政府研究领域中的知识大多是在乡镇层次积累而来的。第二，已有研究工作把更多的注意力放在政策执行过程，以及政府官员在其中的行为表现。这一领域中的学者很早就提出了"事件-过程"的研究模式，关注在事件发生过程中彰显出的政府行为和意义，如税收、计生、征地、卫生运动、环保检查，等等。在这些事件或过程中，各种利益间的博弈和冲突常常会有淋漓尽致的戏剧性展现，有利于研究分析。第三，众多研究工作使用个案研究和参与观察的研究方法，使得政府研究工作建立在详实的田野观察基础上，成为有源之水、有本之木，不断激发着研究者的热情和动力。因此涌现出许多精彩的研究工作，由点及面、由小到大、自下而上地从经验事实到形成分析概念和抽象理论。

上述研究取向一方面推动了关于基层政府组织现象和官员行

为的研究工作，另一方面也带来了研究领域的不平衡发展，包括许多近乎空白的区域和地段，县域层次即是其中之一。我所接触到的若干关于县级政府结构和功能的书籍，均属于一般性介绍，远不足以反映出其实际的丰富性和众多侧面。陈那波教授主编的这个研究系列是填补县域研究空白的重要进展。

二

县级政府组织与县域治理的规模、复杂性和涉及的方方面面远远超过了乡镇；县域研究有着广阔的空间和宏大的研究课题，也更具有挑战性。县域研究要回答怎样的问题呢？在我看来，主要目标有二：其一，积累有关县级层次政府组织的基础性知识；其二，对中国政府组织的鲜明特点予以特别关注和深入研究。简要讨论如下。

首先，如前所述，大多数政府组织的研究工作集中在事件-过程方面。与此相比，有关政府组织常规过程的基础性知识的积累极少。正式组织的一个基本特点是其结构和过程的稳定性和可预测性，其行为和过程建立在稳定的规章制度和权威关系之上。在英文文献中的组织研究中，曾经对（政府）组织内部的规章制度、权威关系、人际互动等进行了大量的研究工作。有关组织运行的基础性知识有待回答，例如，各部门的标准工作程序（standard operating procedure）是什么？部门内交流的基本渠道机制是什么？部门内部从结构到动员的机制是什么？工作环境的程序性、复杂性、不确定性有哪些维度和特点？等等。这些基础性知识的积累有助于研究者提炼分析概念、要素测量和理论思路。

其次，部门间横向互动和协调状况是什么？与乡镇政府中的各室所不同，县政府中各部门功能分化，相互独立，各有边界。例如，在县级层次上，党政部门功能分化，各有特定领域和管辖范围。然而，许多政策目标或上级任务需要多部门间的协调合作，因此提出了一系列组织学问题：部门间交流与协调的渠道机制是什么？党政部门间关系，功能领域内和部门之间互动的实际状况是什么？同一功能领域中的不同部门间协调合作的机制是什么？这些问题都是以往的乡镇政府研究所未涉及的。已有文献注意到了"领导小组"等机制，但这些研究工作尚没有放在一个稳定的组织背景（如县级政府）上加以考察。

一个与此相关的问题是，作为中间政府的县级政府在上传下达过程中的角色为何？县政府各个部门如何接收上级部门的政策指令，如何转换为自己的文本指令，如何与所辖范围的目标职责相结合，如何具体操作与实施？我们也可以从自下而上方向，在传递基层社会信息和呼声的角度上提出一系列相应的问题。认识县级政府在这方面的运作过程，为我们了解其他中间政府组织形态（如地级市或省属部门）提供了线索。

从更大范围来看，中国政府组织有其鲜明特点，特别是党政关系、条块关系、政府与其他非政府组织（企业、社团等）间的关系，等等。经济和社会领域的诸多活动都发生在县域层次上。对这些方面的基本描述和分析有助于我们看到国家治理在不同层面上的大的图景。

　　另外，中国政府运作的一个重要方面在于正式制度与非正式制度之间的多重的微妙关系。两者互为依托、互为补充，但在不同环节和不同情形下或紧密合作或紧张冲突。在已有的政府行为研究中，政府官员的行为有很大的灵活和变通。但这些研究缺少组织背景的基础性知识，对非正式制度的解释没有放在一个稳定的组织基础上。县域研究提供了深入研究这一现象的可能性。正式制度与非正式制度之间的关系或许可以成为县域治理研究的关注对象。

　　区县行政区划的设置有多重考虑，其演变过程也受各种因素影响。从全国县域分布来看，各区县间的差异很是明显：发达地区有些区县的经济规模甚至超过个别边远省份同等经济指标的总量。不难设想，一个县级政府架构应对如此规模和复杂程度的经济和社会活动，一定会有许多独特的实践经验和应对举措。认识这些县区设置和县域治理的各种做法，并将其放进国家治理大格局中把握，将是县域治理研究中令人兴奋的挑战。

　　这些年来我与那波教授多有交流。那波教授在此项目上花费了很大气力，从县域研究的方案设计、选点布局沟通、聚集研究队伍，到长时段的深入调研，坚持不懈地推动这一研究项目，才有了现在呈现给读者的丰富成果。我翻阅了这个系列中即将出版的前两册（顺德卷、电白卷），其中课题广泛，内容丰富，汇集了来自多渠道的信息，如参与观察、访谈、档案资料，既有历史性追溯，又有共时性比较，特别是记载总结这些县域各自的实践经验，反映了县域治理的新近动向。这些描述和讨论让我回想起自己在田野研究中的观察感受，引发了许多思绪和联想。这个系

5

列工作成果的陆续出版在县域研究领域走出了重要一步，给学者、政策研究者和实践者提供了新的启发和思考线索。

应那波教授的要求，我把自己的一些想法和感受写在这里，一方面是思考，一方面是期待。希望这个系列的研究工作越做越好，推动有关中国政府制度的知识积累和深入挖掘。

周雪光

2021 年 6 月

总　序

　　我出生和成长于 20 世纪 70 年代中期的粤西小镇，在我成长的相当长的一段时间里，国家仍然处于计划经济时代，其时的社会流动并不常见，大部分人的命运都和出生的空间区域、工作的组织及其相应的层级绑定在一起。当一个人问另一个人"您是哪里人"时，其简短的答案——一个地名——里面往往包含着一整套的信息，包含了你的出身、你所拥有的收入和福利，甚至你可能的人生道路。

　　但出生在 20 世纪 70 年代的我们比父辈们又要幸福得多了，我们伴随着中国的改革开放历程而成长，享受改革开放所带来的流动机会和生活水平改善。我们目睹乡镇企业的兴衰，见证蜂拥前往珠三角地区的年轻人群和因此蓬勃发展的长途客运业务，而我们从小镇到省城的流动路径则是中国的城市化之路的典型的个体演绎。

　　对于像我这样的个体而言，一个县，基本上就是成长时期的可及边界了。这是空间上的边界，我们绝大多数时间生活在这里；它也是文化上的，是一个人的地域和语言认同的边界；它还是政治上的，是我们真正能接触到的权力及国家机构的边界。以一个县为可及边界的人群，恐怕仍然占据了中国人口的大多数，因此，县域治理是中国治理的主体内容，所谓"郡县治，天下安"亦属此理。所以，2018 年当我成功申请国家社会科学基金重大项目"新时代县域社会治理能力建设研究"课题时，我感觉终于有了机会和能力去回看和调研县域治理，以一个研究者的角度去重新审视成长时期的空间，讲述在那个舞台之上的主配角及其故事，并以此作为自己可长期投入的一个研究事业！

以上是一个感性的表达，但也是启动"中国善治县域研究丛书"的原初动力，随后是更为理性些的思考，请诸君审阅！

一、 为什么我们要谈县域[1]

什么是一个合适的治理空间？一个国家大体上都会被划分为一定的层级，不管这个层级及各层级之间的角色和功能如何。一个层级，意味着一个治理空间的确立。在中国，有中央、省、地（市）、县（市）、乡/镇五个层级，而根据当前的事实，管理层级进一步延伸至村/居，每一个层级或治理空间有着相应的资源配置结构，这些资源包括了行政编制资源、财政资源等。在计划经济时期，这些资源配置和空间、人口之间的关系基本上是标准化的，到改革开放时期，人口流动加剧、管理任务变化巨大，各级政府根据自身管理对象的具体变化作出了相应调整，但是这个调

---

[1]"县域"一词，本研究指向的是包括县、县级市和市下辖区这三种管理空间和管理层级，后将不作专门区分，直接使用研究对象原本称谓，或县、或区、或市。

整仍然需要在原有标准化结构的制约之下。所以，一方面，我们看到越来越多的城市都在强调网格化管理，而另一方面，也有相当多城市宣扬市域治理的重要性。这一现象表明，随着沟通条件和交通条件的进一步改变或优化，治理的空间、层级和资源配置正在产生着影响深远的变化，以某一治理空间作为研究的切入点，是有利于考察这些变化的。

空间、层级和资源配置是体国经野的基本结构安排，根据国土疆域的大小、管理幅度的范围、管理条件和统治者理念的变化等要素，这个结构会相应形成差异，而在中国的对应结构中，县的建制是最为稳定的空间和行政层级。自秦汉时期的郡-县二级制、魏晋南北朝的州-郡-县三级制、隋及唐前期的州（郡）-县二级制，到唐后期及宋辽金的道（路）-州-县三级制、元代的多级复合制，再到明清及民国初年对行政层级的简化，在2 000多年的地方政府层级体系中，县始终是一个稳固的治理空间[1]，它是中国传统行政体系中的基本治理单元，是和民众直接会面的政权代表的空间所在。

多年来，本人一直在研究更基层的行政和政治，到不同的农村、城市社区开展过调研，有几个更大的推动力让我在有更多的时间和调研资源的时候去开展县域治理研究。

首先，县是要素齐全的治理场域。一个区或县的党政部门上会和地级、省级和国家层级的部门大致同构，其职能也大体上向上对应，唯权限有所差异。而且，在县层级，也有完整的人大和

---

[1] 周振鹤. 中央地方关系史的一个侧面（上）——两千年地方政府层级变迁的分析 [J].《复旦学报（社会科学版）》，1995（03）：151 - 157.

政协体系，所以说，一个县，就是微缩的"国"，是一个要素最完备的基层治理场域。

其次，县级及以下才是政策执行的具体主体，中央出台的大多数政策，下发到省里，省再相应地转发到地级市，地级市则通常再相应转发到县（区）级党政部门。到了县一级，基本没有进一步下发当"甩手掌柜"的可能了，他们就成了落实政策的主体，当然，这些政策也会进一步转发到镇里，但是到了县一级，就已经需要进行具体的规划和指导，以统筹乡镇完成任务了。

再次，在县级以下，研究者才能观察到上规模的政策受众，观察到党政部门和民众之间的互动过程。有学者强调农村作为国家与农民互动的场域的重要性，但是在当前的中国基层治理环境下，乡村场域中的村干部的个体差异性过大，过于微观以至于无法作为国家的分析单位。也曾经有一段时间，有不少研究者认为乡镇是更具备国家与社会互动意义的，但是聚焦在乡镇场域的研究无法考察到科层制体系的正式的内部运作过程，所以，在分析国家与社会的互动问题上，县域或许才是更适当的空间。

因此，县（区）是一个综合、有效的研究中国治理过程和特点的场域，县域治理对中国政治和行政所具备的独特意义无法被替代。

二、 如何研究一个县：视角与方法

当下的一个县，往往涉及近百万之众，包括城市区域和乡村区域，包括数十个直属党政机关和十数个乡镇，不同乡镇之间，在经济发展程度、产业形态等各方面往往也有着很大的差异，甚至语言也相去甚远。那么，如何去调研一个县，如何去了解一个县的县治？在县域调查领域，定县调查一直是一个标杆，但其内容的边界是相对确定的，即以社会概况为内容，包括地理、历史、政府及社团、人口、教育、健康与卫生、乡村娱乐、乡村的风俗习惯、信仰、赋税、财政、农业、工商业、农村借贷、灾荒与兵灾[1]，总体上是基本县情的资料记录，这在当时是极为难得的，但是在目前的信息承载、存储和传播的条件下，应该对县域调查有不同的要求。所以，和定县调查更关注社会概况的旨趣不同，本系列的研究作品相应的特色和优势更多体现在下述的视角和方法上：

一是治理的视角。在中文的表达中，"治理"一词的含义是模糊的，但经过多年的应用，学术界和实践界也对"治理"一词达成了一定的共识。首先，它更多指向的是自上而下的过程，也即强调治理行动者的主体性和主动性，在当前中国的语境中，它意味着对党政部门[2]的主体作用和主动意识的强调；其次，它更多指向的是一个多元参与的过程，意味着包含党政部门、社会组织、企业、居民等不同的行动者在内的互动。在本系列作品中，从治理的视角出发，意味着我们会更多地去关注自上而下的

[1] 李景汉. 定县社会概况调查 [M]. 上海：上海人民出版社，2005.

[2] 一般而言，县政有广义的界定和狭义的界定，广义的界定包括县委、县人大、县政府和县政协四套班子，狭义上则更多指向的是县级政府。本系列的作品虽取广义的界定，但更多聚焦在县委和县政府两个体系。当然，我们不希望事先设置限制，而是希望在持续的县域研究中能有更多更完整的案例来容纳广义上的县域治理的基本内容。为了便于表达，我们将广义的县政总体上仍称为"县域党政部门"，需要时再作具体的说明。

过程，也即关注县域党政部门的行动，同时也关注多元主体在治理过程中的角色。

二是组织研究的视角。如上所述，县域政府是县域治理中的重要治理主体，对它们的了解是认识县域治理的根本所在。但已有的对中国地方政府的研究大多仍接受整体政府的基本假设，也即以地方政府的某一部门或某一层级的研究来指代地方党政整体，例如，以乡镇政府的研究来推导到地方政府甚至国家，以对财政局或地税局的研究指代地方政府的经济发展意图和走向。在本研究系列中，我们希望能切入县域党政体系中的多个部门和组织单元，从了解不同的党政部门的运作出发，考察政策的整体过程，分析这些组织的具体运作，以及这些运作是如何各自或整合起来影响治理的效果及民众的福祉的。

三是一个县委书记的视角。即便我们将研究的重点局限在县域治理中的党政部门，我们面对的仍然是一个庞大的研究对象，一个县涉及几十个党政部门，各自的机构构成、职能、岗位和政策过程都足以独自成书，如何适当地收缩范围？在调研过程中与县域治理的领导的深入访谈提醒我们，可以尝试代入县委书记的角色中去，思考当一个县委书记到一个县履新，作为一个县的最核心的决策者，他所关心的主要内容是什么？从这个视角出发，我们大体可以确定县域调研的有关内容。首先应该是所辖之县的基本县情，其空间和地理特征、人口数量和结构、社会的风俗和本土文化特性、经济发展和财税结构的基本状况，等等，以了解治理对象，并采取相应的治理策略。在充分了解基本县情之后，要了解的是县域治理的主要的抓手，大体上，可能会包括下述的内容：①组织，一个县委书记做好工作的保证就是有一支可用及高效的队伍，也即县域治理中的"人"的问题，这包括县域党政部门机构的构成、职能、岗位、编制和权力资源的配置及这些部门的合作与竞争等；②经济及财政，也即县域治理中"钱"的问题，包括地方的经济基础、产业结构；如何发展地方经济、如何增加税收和财政收入等问题，同时也包括怎么花钱、以什么方式开支，主要开支在哪些领域等；③执法或曰强制，县域治理中，众多的部门都具备执法权，包括公安部门、城市管理部门、市场监管部门等，事实上，大部分的部门都有着或多或少的执法权，这些执法权针对县域治理中的不同对象，扮演着重要的角色，一个县委书记往往需要对自己下辖领域中的执法力量有充分的了解；④思想与文化或曰意识形态，这包括党和国家的思想政治学习、地方的文化和教育，也包括如何通过思想、文化、教育等手段来优化社会整合，实现县域的善治，这也是县域治理的重要抓手；⑤公共服务供给，公共服务供给的过程与效果是县域治理绩效的最重要的组成部分，也是县政的核心内容，尤其是在当前党和国家对民生问题日益重视的前提下，公共服务更成为一个县委书记所关心的内容；⑥技术治理，技术治理的广泛应用首先兴起于特大城市、大城市，但是，在我国相当多的县，各种各样的技术也开始被采纳和应用，在一个行政资源和编制资源的刚性程度很高的行政结构里，技术治理往往被县域治理决策者寄予厚望，期待它能助力打破刚性制约，实现管理模式和效率的升级，这些技术或用于监管、或用于经济、或用于服务，或仅出于政绩创新的需要而有意创设，但这是当下正在发生的县域治理中的新情况。上述的这几个方面的内容成为本系列中的大部分作品的一个基本的内容结构，当然，上述清单中还可以增加更多的要素，但我们需要确定一个基础的表达结构，在有限的篇幅内，我们认为这些要素是县域治理中更为重要的内容。

第四，结构、过程与事件的视角。对一个县整体的调研，甚至对县域某一部门的调研均涉及繁杂的内容，这些内容应该如何被组织、被展现？在本系列作品中，我们大体上可以用"结构、过程与事件"来概括我们的叙事方式。对一个县而言，我们尽可能地首先去描述其基本的县情，努力去为读者展现一个县作为一个行动者舞台的状态和特征，然后再去剖析在此舞台之上的主配角与事件。对于组织、经济、执法等各内容维度，我们也尝试从结构（围绕着这一主题的基本的行政架构和主要的行动者的静态介绍）、过程（一个任务、一项工作在前述结构中的流动轨迹，包括议程的设置、决策时的互动、执行的过程及其相应的后果）和事件（那些最具备显著性的、能体现上述结构和过程的重要的、有显示度的故事）这三个方面来展开。我们希望借用这样的叙事方式，避免县域的调研作品仅仅成为一本"流水账"。

在每一个县，我们采取的研究方法可以称为是以参与式观察为主的田野调研[1]，我们组织了由教师、博士后和研究生们组成的研究团队，以挂职或实习的方式到县域治理的各个党政部门中去，参与这些部门的工作，了解其运作。我们希望团队成员待

---

[1] 在这里，我们也不使用民族志之类的方法术语来描述我们的这次调研工作，因为，我们的实地考察恐怕仍然无法达到民族志研究所需要的时间长度和调研的深度。

在这些部门中的时间能尽可能长一些，在第一批次的县域调研中，大部分的团队成员在县里工作和生活了一个多月。在这一个多月的时间里，研究团队的每一位成员都被分配了有一定结构性的研究任务，基本如下：

首先要做的是各种文本资料的收集，收集的资料范围是相对宽泛的，调研团队成员进入现场后尽量收集他们认为是和县域治理有关的各类文本资料，更具体而言，包括各县的县志、历年的统计年鉴、各类统计报告、所调研的县域各部门可公开的收发文资料、大事记等。其后，将文本资料扩充至电子资料，包括各单位网站、各种自媒体端口（微博账户、微信公众号）上的各类信息，例如，单位的组织架构、岗位职责、人员配置、领导的讲话、政府工作报告、单位年报、预结算公告、重大的公众事件和建设项目等方面的相应记录等内容，调研团队争取尽可能地从多个维度去了解一个县的基本县情、县域治理的主要行动者的基本情况，为了解县域治理中的事件提供理解的背景。

调研团队的所有成员都被要求尽可能地每天撰写并上交田野观察日志，观察日志的内容包括：①客观信息：日期，观察进行的地点，在场的人员，环境如何，进行了什么活动，带来了什么结果；②在场人员的观点、态度和行动，可以是直接的摘录，或者可能接近直接摘录的回忆；③自身的感受，以及在所发生的事件中对研究的重要性和意义的思考；④自己对场合中正在发生的事件的观察、诠释、初期分析、有效的假设等。更具体而言，观察日志的优势在于记录自然环境下正在发生的事件，调研团队成员尽可能地通过选择所观察到的事件以了解县域治理的过程，包括议程设置、决策和执行的整个过程，尽可能地寻找机会了解在该单位内一项政策是怎么开始动议的，怎么讨论的，如何拍板的，又是在单位里如何推行的，通常效果如何，如何进行政策反馈的。在第一阶段的调研中，调研团队的成员很好地完成了观察日志的撰写任务，形成了逾千份观察日志，总字数超百万。

另一主要的手段是深度访谈，我们要求进入田野的调研人员尽可能地寻找与县域治理参与者进行深度访谈的机会，深度访谈的对象包括但不限于：所调研的单位的正副职领导、各科室部门负责人、各科室普通工作人员、政策受众。调研团队的每一位成员都在调研前参加了培训，学习如何撰写深度访谈大纲，然后在不依赖深访大纲的前提下尽可能地实现长时间的访谈，学习如何让访谈成为一个有效的获取信息的途径。此外，在县域调研中，正儿八经的深度访谈往往显得有些刻意和"奢侈"，所以群体性访谈也是一个很好的补充。

在条件允许的情况下，在所调研的县发放问卷也是收集信息的一个有效的渠道，尤其是以政府组织内部的数量较多的个体为对象时，或是以民众对治理的主观评价和感受等为内容时，或是对基本的县情进行规模化的信息获取时。但在本研究的第一阶段的县域调研中，我们没有用到问卷调查，希望在将来的县域调查样本进一步扩展时，可以使用问卷调查以获取更丰富的信息。

本次调研的选点策略和设计总体上分为两个阶段，第一阶段遵循的是偶遇抽样的原则，也就是说具备较好的准入条件和调研条件的县域首先成为研究的对象，针对这些对象的调研有助于我们对县域治理形成更充分的认识，为下一阶段的调研打下基础。

在这一阶段，我们有幸获得了茂名市电白区、佛山市顺德区和阳泉市盂县的直接支持，为我们创造了良好的调研条件。其后我们通过研究合作也进一步在广州市黄埔区、珠海市金湾区开展调研，这些点的选择也为我们进行初步的比较带来了可能。

第二阶段采取判断抽样的原则，也就是对研究对象总体具备较充分的认识，对研究对象的基本构成有所了解之后，根据这些结构特征来选取更合适的样本。我们也将在研究的第二阶段采用聚类分析的办法，根据县情的基本维度的数据将全国近三千个县级行政单位进行分类，再在其中选取各类的典型作为我们的调研对象，以尽可能保证我们所选择的县域样本的覆盖性。

三、 一个不可能的任务的可能性

有时候，为了让本次调研工作能成为一个更好的预算故事、一个更具吸引力的研究愿景，我会不自觉地将其表达为"中国善治百县调查"，这似乎有点好大喜功了，但不管最后我们能覆盖的县域案例的数量是少于或多于"百"，这都仍然是一个十分艰巨的任务。但是当真的尝试去挑战的时候，这个似乎不可能的任务却能相应地给予我意想不到的力量。本系列研究是我主持的国家社会科学基金重大项目"新时代县域社会治理能力建设研究"（18ZDA108）的成果之一。感谢国家社科规划办给予本研究的系列资金和合法性支持，感谢中山大学提供了 1：1 的配套资金，感谢在各个环节提供帮助和支持的同事和同行，特别感谢周雪光教授，这个系列的作品的产生得益于他的提点和启发，他还在百忙中为我们写了序。感谢蔡禾教授、肖滨教授、徐岩副教授、黄冬娅教授和马卫红教授，他们是这项重大课题的子课题负责人，是这个研究系列的重要的支持者。感谢陈家建教授、练宏副教授、狄金华教授、艾云教授、管兵教授、胡涤非教授，他们中有的参与了我们对调研团队的培训，有的直接或派员参与到调研过程中来。还要郑重感谢的是参与到我们县域调研工作过程中的每一位团队成员，他们是（排名不分先后）：徐玉特、李伟、黄伟民、房瑞佳、韩晓璇、姚嫒、张程、梁琦、杜丹丹、李雅倩、陈嘉丽、黄琪岚、王穗风、黄筱茜、汤献亮、赵俊源、刘万群、钱晨、张紫薇、张子露、孙亚贺、慎荣翔、高寒、张虎平、王冰杰、曾建丰、陈柏伊、甘瑞霖、赵丽萍、郑嘉茵、杨威乾、王沁兰、陈杰华、吴伟佳、张艳红、马俊、高飞俊、张丹妮、陈智美、徐予超、樊夏汐、汪瑾、康正成、张婷燕、田博、张叶、刘俊琪、付旭辉，朱丹怡、段丹、廖宸婕、周子裕、吕忠、郭立臣、刘子丹、卓佳钰、胡灵、姚晓妹、杨媛媛、李涵、祁婧汝、魏童、陈嫣然、黄晨馨、许豆豆、刘波麟等。他们中有相当一部分人参与了本系列作品的写作，他们在写作上的贡献已经在对应的章节中标明，在此不作赘述。值得一提的是，本系列还有不少的后续作品，后面的参与者不一定可以在此序言中更新出现，在此提前表示感谢。衷心感谢东方出版中心的编辑徐建梅，出版工作是一个庞杂和长周期的过程，感谢她耐心和专业的编辑工作。最后，要特别感谢以极大的耐心接纳我们的各县域党政部门的领导、干部及其他调研对象，他们是中国县治的核心行动者，体会着县治的酸甜苦辣，是最有资格的中国县治发言人。我们的调研恐怕无法给他们带来任何的收益，只是添加了非常规任务。他们慷慨地向我们介绍县治的情况，回答我们颇为外行的问题，分享他们的工作感悟，没有他们的支持和配合，这个系列的作品根本不可能完成。当然，出于研究伦理，我们在整个系列作品中对所有调研对象进行了匿名，并删除了文中可能涉及他们中某一特定个体的任何有关信息，也以此方法表达对他们的尊重和感谢！

诚实而言，因为资质和能力都有限，我不敢去拔高这一系列作品的意义，也不敢奢望本系列中的每一个作品都能有理论上的贡献或经验上的重大发现，但我希望每一部作品起码或可帮助大家增进对所选案例县的理解、或能启发读者就县域治理某一碎片形成思考、或能有一个经验素材比较稠密的事件帮助大家了解一县的县治，当然，如果整个系列完结后，能在此基础上形成一个内容丰富的中国地方治理的资料库，那就更是意外之喜了！

最后强调一下，这个研究系列最终确定的名称是"中国善治县域研究丛书"，以此祝愿祖国更加繁荣、人民再添幸福！

陈那波

2021 年 9 月

CONTENT

1

第二章　顺德改革

第三章　顺德党政治理主体建设

第四章　顺德县域经济发展

第五章 顺德县域社会治理

第六章 顺德县域公共服务供给

第七章　顺德县域文化治理

第八章　走向"县域善治"：顺德县域治理经验总结及启示

县域治理与"中国之治"

本章作者：黄伟民、陈那波

◇　◇　◇

中国共产党十九届四中全会提出了坚持和完善中国特色社会主义制度，推进国家治理体系和治理能力现代化的时代命题，擘画了"中国之治"的新蓝图。近年来学术界关于"中国之治"的讨论也日渐增多，学者们试图发现并阐释中国国家治理的制度优势以及"中国之治"对于全球治理的普遍性和特殊性意义，为解决不同国家存在的治理难题提供中国方案。作为广土众民的大国，中国的国家治理具有治理主体多元、层级多和组织结构复杂、治理负荷沉重等一系列特征。其中，县域治理是国家治理体系的基础和重要环节。"郡县治，则天下安"，县域是观察和研究中国国家治理的重要场域，习近平总书记就曾指出："县一级承上启下，要素完整，功能齐备，在我们党执政兴国中具有十分重要的作用，在国家治理中居于重要地位[1]。"

本研究即是对"中国之治"议题进行持续性关注和反思的结果。对不同县域治理个案进行深描和分析，研究内容从关注微观层面的乡村治理逐渐上升到中观层面的县域治理和宏观层面的国家治理，有利于我们理解中央与地方、上级与下级、国家与社会之间的互动关联，反思中国国家治理的复杂性和多样性。这不仅仅是方法论意义上的推进，更是国家治理研究深入发展的需要。

---

[1] 习近平. 作风建设要经常抓深入抓持久抓，不断巩固扩大教育实践活动成果 [N]. 人民日报，2014-5-10 (01).

在本书中，我们分析了不同任务情景中的县域治理主体、治理过程和治理效果，着重讨论了县域政府的角色与行为。在此基础上，我们根据顺德县域治理个案，总结顺德县域治理经验，提出实现县域善治的中国道路与可能性。

研究目的

县域治理是指由包括县域党委、政府、企业、社会组织、民众等在内的不同主体共同对县域范围内的政治、经济、社会、文化等公共事务进行治理。那么，为何要研究县域治理？或者说研究县域治理对于我们理解"中国之治"有何种意义呢？

一项研究的价值既可以表现为推动理论研究的深入发展，以生产知识为最终目标，具有明确的理论价值取向；也可以表现为推动解决现实问题，以改善社会为目标，具有鲜明的实践价值取向。在我们看来，县域治理研究具有理论与实践双重价值。首先，研究县域治理为深入分析"中国之治"提供可能性。一直以来，国家治理研究存在着两难困境。一方面，如果聚焦于宏大的国家层面——研究对象往往是不同类型的中央机关，这样不仅很难找到合适的分析对象，也很难做到全面、系统地分析中央机关的组织运作和政策制定。另一方面，如果我们选择一个相对微观的乡镇或者村庄作为对象进行研究，固然存在操作难度小、可以深入分析的优势，但乡镇或村的组织机构设置实际上与国家的组织结构存在较大差异。所以，当我们对一个乡镇或者村庄进行研究后，将所得结论推论到一个国家时，恐怕会存在很多谬误。

因此，对于国家治理研究而言，选择合适的分析单位至关重要，而县域无疑是研究中国国家治理的最佳选择。理由主要有以下几点：第一，从国家治理的历史来看，县作为一级行政单位的历史久远且具有稳定性，隐藏着国家治理中根深蒂固的要素。早在春秋时期，作为行政区划意义的"县"就出现在楚国。大约在公元前 740 年—前 690 年，楚武王灭权国，并将其改设为县，开创了中国县制先河[1]。此后，秦、晋等国相继在连年征战、开疆拓土中不断设县。到战国时期，各诸侯国普遍以"郡县二级制"取代"封建制"[2]。由此而始，县作为基层治理单位延续至今，虽然不同朝代的行政层级结构经常变化，但是，县级设置却具有较高稳定性。这实际上反映了一个超大规模型国家高度依赖县级政权实施有效治理的历史规律，"县"成为影响国家治理能力和治理效果的基础性构造。

第二，从组织结构来看，一个国家是由不同层级的政府组织构成，县是其中一个重要的基础性行政层级，并且县域层面的机构设置具有"上下同构"的特征。国家（中央）层面的组织机构基本都可以在县一级找到对应的组织，而乡镇或村则不具有这一特征。对国家治理进行系统性研究存在着难以操作化的困境，而上下同构中的县级政权则构成了国家政权的微缩版本，意味着我们可以通过系统地研究县域治理个案，探索和回答"中国之治"

[1] 浦善新等. 中国行政区划概论 [M]. 北京：知识出版社，1994：452.
[2] 周振鹤. 中国地方行政制度史 [M]. 上海：上海人民出版社，2005：31-37.

的宏大命题，起到"一叶知秋"的作用。

第三，从行政区划设置来看，县是相对独立的基层治理单元，涵盖了一定面积的国土空间和不同禀赋的治理资源。截至2018年底，中国共有县级行政单位2 851个，其中包括市辖区970个、县级市375个、自治县117个、旗49个、自治旗3个、特区1个、林区1个[1]。作为基层治理单元，一个县就是一个微缩的"国"，中国就是由这两千多个微缩的"国"所组成。同时，不同地区县域的治理规模和资源条件的差别极大，形成了差异化的治理策略和治理结果。这构成了中国国家治理实践的多样性，极大地丰富了"中国之治"的内涵，不同县域的类型分析也成为我们理解中国国家治理的重要途径和方法。

第四，县域在国家治理中的特殊地位决定了县域治理研究内容的丰富性。县域政府承担着上传下达、确保政策有效落地实施的职责，同时也发挥着沟通国家与社会的关键性作用。一方面，中央关于国家治理的大政方针、制度安排、决策部署和任务要求都需要通过县域层级来具体执行，县域治理是政策方针由书面走向实践的关键环节。在国家治理体系中，县域呈现了中央与地方、上级与下级之间复杂的权力关系。大一统国家中的中央与地方、集权与分权之间存在着冲突和对立[2]，诱发了地方政府一系列的共谋、应对、变通等行为，而县域又正是各种权力冲突集

---

[1] 民政部：《中华人民共和国行政区划统计表》，统计截止时间为2018年12月31日，统计资料未包括台湾省，http://xzqh.mca.gov.cn/statistics/2018.html.

[2] 周雪光. 中国国家治理的制度逻辑：一个组织学研究 [M]. 北京：生活·读书·新知三联书店，2017.

中爆发的焦点。另一方面，县域位于国家和社会的交界处，直接面对着辖区内的民众和层出不穷的社会问题，县域政府实际上代表国家实施治理，处理与社会之间的关系。因此，我们可以通过对县域政府的治理结构、治理过程及其中发生的具体事件进行细致观察，讨论权力的微观运作机制，进而发现国家治理的线索与基本规律。

最后，县域治理研究有助于解决治理实践中存在的普遍性问题。这些普遍性问题表现为以下几个方面：①从区域发展程度来看，东部沿海地区的县域治理和发展水平总体高于中西部内陆地区县域，区域差距存在着扩大趋势；许多县域城镇化水平在加快，乡村建设虽有长足进步，但是农村空心化、公共服务供给不足、村级治理能力较弱，导致城乡之间的差距依然很大。②从治理主体来看，大部分县域的治理主体构成仍比较单一，政府大包大揽的局面仍较为普遍，社会组织、企业等其他主体参与较少，也存在着参与治理能力不足的问题。③从治理内容来看，县域政府仍然以追求经济高增长为主要任务，对与民生相关的教育、医疗、就业、社会保障等方面的内容重视程度不够。虽然在实施乡村振兴和精准扶贫政策的大背景下，基层民生保障得到很大改善，但是仍需要很长一段时期才能够补齐短板。④从治理手段来看，当前县域治理的手段较为单一，面对基层事务，行政手段刚性过大，以往基于"熟人社会"而使用的一些治理手段也日渐无法适应经济社会的新发展，多元的、具备弹性的治理手段的创新和使用仍然处于探索期。如何解决上述种种问题，实现县域善治呢？对此进行深入研究并给出答案是"中国之治"的题中应有之义。

总而言之，县域一级组织要素齐全，同时连接着上级与下级、国家与社会，是"中国之治"的"接点"所在[1]。县域治理水平直接影响到地方经济社会发展的速度和质量，在很大程度上决定着国家治理的实际效果，深刻影响着国家治理现代化进程。对县域这样一个中观分析单位[2]进行研究，有助于观察分析中央与地方关系变革以及国家与社会的互动过程，从而反思宏观的国家治理问题以及微观的社会关系问题[3]。

无论社会科学研究的目的是为了生产知识，还是为现实提供具体的改革方案，前提条件都是要广泛地收集经验材料和数据。我们希望通过本研究积累关于县级政府组织的基础性知识，发现和总结不同地区的县域治理经验，以求进一步助力解决县域治理中普遍存在的问题。

为何选择"顺德"作为个案

为何选择顺德作为我们县域治理研究的个案？在我们看来，顺德具有重要的研究价值。一方面，正如前文所述，中国的治理结构具有"上下同构"特征，不同地区的县域在行政区划和组织

[1] 王敬尧，黄祥祥. 县域治理：中国之治的"接点"存在 [J]. 行政论坛，2022，29（4）：81-90.

[2] 杨雪冬. 论"县"：对一个中观分析单位的分析 [J]. 复旦政治学评论，2006：153-175.

[3] 周飞舟. 政府行为与中国社会发展——社会学的研究发现及范式演变 [J]. 中国社会科学，2019（3）：21-38+204-205.

机构设置上高度相似。从这一点来说，选择顺德作为个案，可以基本了解中国县域治理的组织机构设置和组织运作过程。另一方面，个案的价值更多体现为案例所具有的"典型性"，即我们可以通过研究某一个案县域来研究相同类型的县域，将这一个案所表现出来的性质、特征和相关研究结论外推到其他同类型县域，帮助我们更好地理解不同县域的差异性和普遍性，丰富"中国之治"的理论内涵。

由于不同地区在经济发展水平、人口规模、地理环境等方面存在较大差异，因此，我们可以按照不同的标准将中国的县域划分为不同类型。例如，按照地理区位可以将县域划分为东部县、中部县、西部县，或者分为农业区域县（一般县）、少数民族自治区域县（自治县、旗和自治旗）、城市区域县（县级市、市辖区），也可以按照县域年人均纯收入可以划分为贫困县[1]、一般县。这实际上也意味着不同县域的发展条件和发展方向也不尽相同。2022 年，中共中央办公厅、国务院办公厅印发了《关于推进以县城为重要载体的城镇化建设的意见》，将县分为"大城市周边县城""专业功能县城""农产品主产区县城""生态功能区县城""人口流失县城"等五种类型，分类引导县城发展方向。尽管我们很难以单一标准来说明顺德是何种县域，但是依然可以概括出顺德作为某种特定类型县域所具有的一般性特征。

---

[1] 国家关于贫困县的划分标准是动态变化的。例如，1985 年是以年人均纯收入低于 150 元为标准，1994 年是以年人均纯收入低于 400 元为标准，2001年再次调整了标准。参见李小云，唐丽霞，许汉泽. 论我国的扶贫治理：基于扶贫资源瞄准和传递的分析 [J]. 吉林大学社会科学学报，2015，55（4）：90-98＋250-251.

首先，顺德人口众多，人口数量超过了许多地级市，因此面临的治理负荷相当沉重。2019年顺德区常住人口为278.32万人，高度聚集在806平方千米的狭窄土地上。城市化水平高，农村人口仅有3.95万人；外来人口多，近一半人口是非户籍人口；人口流动频繁，2019年的流动人口有198万人，其中流入人口169.89万人，是典型的人口净流入地区。人口数量规模庞大、外来流入人口和青壮年人口占比高的特点有助于发展劳动密集型产业，但同时也对县域社会治安、公共服务、公共基础设施等带来了严峻挑战。加之人们日益增长的美好生活需要，对县域治理能力提出了更高要求。这也是当前许多人口大县所面临的普遍性问题。

其次，顺德县域经济发达，其经济状况和发展历程与大多数经济发达县相类似。2019年，顺德的地区生产总值是3 523.18亿元，且形成了以工业为主导的县域经济结构。顺德所取得的经济成就是改革开放四十多年来累积发展的结果。一方面，顺德发展经济的策略和手段与其他经济发达县域十分相似。早在1976年，顺德就提出了"工业立县"的策略，重点发展农机和电机生产，所以改革开放前的顺德就已经具备一定规模的工业基础。改革开放后，顺德大力发展"三来一补"产业，工业化进展更加迅速。"三来一补"产业只需要简易厂房和廉价劳动力就可以完成生产过程，结合了港澳的资本、技术、市场优势与珠三角地区廉价的劳动力和土地资源优势，因而在珠三角地区广泛盛行[1]。

---

[1] 林辉煌，陈静. 初始产业形态与土地开发模式——以珠三角地区为例[J]. 北京工业大学学报（社会科学版），2021（2）：39-50.

顺德充分利用原有的社队企业基础，以镇办工业为重点，推动镇、村、组或街区、联合体和个体"五个轮子"一齐转，形成以"集体经济为主，工业企业为主，骨干企业为主"的发展模式。这一模式赋予了村集体发展工业的权利，使得乡镇企业规模快速壮大。在20世纪80年代末和90年代初，顺德逐步将"三来一补"发展方式转为乡镇企业吸收外资和利用先进技术设厂，实现了从"借船出海"到"造船出海"的转变。由于工业化和县域经济快速发展，顺德与南海、东莞、中山一起被称为"广东四小虎"。从20世纪90年代初期开始，顺德政府发展经济的策略也从"经营企业"转向了"经营土地"和"经营城市"[1]，经济市场化水平不断提高。以上这些也都是中国县域经济发展和转型过程中存在的普遍现象。另一方面，顺德经济发展的不同阶段所面临的问题同样也是大多数经济发达县域存在的共性问题。例如，在20世纪90年代初期，乡镇企业的集体所有制存在的产权弊端逐渐显现，产权模糊导致"厂长负盈，企业负亏，银行负债，政府负责"的问题突出。进入21世纪之后，随着2008年金融危机爆发，以外向型经济为主导的顺德经济也受到严重冲击，经历了产业转型的阵痛期。而在2018年后，在用地指标严格管控的政策大背景下，土地资源效率低下与土地资源空间不足之间的矛盾愈发突出。这些问题不单是顺德以往经历过，同时也是许多县域以往经历或者正在经历的。由此可见，顺德经济发展历程是一个较为典型的发展链条，很多县域都是处于这一链条中的某一个环

---

[1] 折晓叶. 县域政府治理模式的新变化 [J]. 中国社会科学，2014 (1)：121-139+207.

节，所以通过观察顺德我们能够看到改革开放以来不同阶段的县域发展情况。

最后，由于经济发展长期走在前列，顺德面临的问题往往缺乏先例，因此，顺德长期作为改革试点县域而存在。"中国改革看广东，广东改革看顺德。"顺德是广东改革乃至全国改革的先锋，其改革经验本身就具有一定的理论和实践价值。通过观察顺德出台的一系列改革措施和应对策略，我们可以分析地方政府是如何应对治理困难的，并进一步了解这些改革行动何以被吸纳成为国家政策或者成为其他县域政府模仿和学习的典范。例如，20世纪90年代，顺德实施的乡镇企业产权制度改革，令企业走上自主经营、自负盈亏的道路，提升了县域经济市场化程度。此外，为了破除体制机制障碍、建立起与经济社会发展相协调的体制机制，顺德还先后在1992年、2009年、2018年三次作为广东省改革试点单位实施了机构改革，为广东省和全国改革积累了丰富经验。

目前也有大量的研究作品描述了不同时期的顺德改革历程。例如，《大道苍茫：顺德产权改革解读报告》《先行者的30年：追寻中国改革的顺德足迹》《可怕的顺德：一个县域的中国价值》《顺德40年：一个中国改革开放的县域发展样板》《顺德实践：中国县域发展范本》《大道攻坚：顺德村级工业园改造纪实报告》，等等。但是，这些研究作品更多是以介绍顺德改革经验为着眼点，对于顺德改革过程也限于一般化的描述和介绍，而并未对其治理主体、治理过程进行深入的分析，也未提出很好的理论解释，而这些也成为本研究的突破口。

综上所述，顺德的一些基本特征浮现出来——经济发达、人口众多、改革典型。符合这些特征的县域多位于珠三角和长三角地区，例如，广东省的黄埔区和南海区、江苏省的昆山市。因此，顺德完全可以作为东部经济发达地区的典型县域加以研究，这有助于我们认识和了解东部发达地区的县域治理状态，也有助于我们探索实现县域善治的中国道路。

研究什么以及如何研究顺德

一个县的治理规模庞大，治理主体、治理对象、治理内容十分复杂。仅就党政部门而言，区级部门就有数十个，辖区内的镇街数量也有数个到数十个不等。就顺德而言，在 2019 年机构改革之后，顺德共有 28 个区级党政机构，下辖 10 个镇街，要对其作出较为整体性的描述和分析，需要耗费大量的研究资源，任务艰巨！

如同序言所述，本研究主要采取了四种研究视角，这有助于我们确定研究内容和研究边界。一是治理的视角，即我们关注顺德党政部门的行动和多元主体在治理过程中的角色。二是组织研究的视角，即我们希望通过切入到顺德党政体系中的多个部门和组织单元，考察具体的组织运作过程和政策过程，分析其是如何影响到治理效果的。三是县委书记的视角，即代入县委书记的角色，选择县委书记所关心的主要内容作为本研究的有关内容。在我们看来，一位刚履新的县委书记除了会关注县情之外，还可能会关注组织、经济与财政、执法、思想与文化、公共服务供给等内容，这些重要内容也就构成了本研究的主体框架。此外，本研究还根据顺德作为改革典型的基本特征，将顺德改革历程纳入到分析中，讨论制度变革与经济社会发展之间的内在关联。四是结构、过程与事件的视角。为了讲好顺德县域治理故事，我们采取结构、过程与事件相结合的分析思路和叙述方式。如果将县域看作是一个戏剧"舞台"，我们首先要了解"演员"（主配角）有哪些，"舞台"的背景是什么样的？其次才是"舞台"上所发生"故事"的具体情节。因此，本研究首先要描述清楚顺德的县情是什么样的，呈现县域治理行动主体所处的结构情境。其次，关注顺德县域治理是如何开展的，以及产生了哪些独特的治理手段和做法？我们需要描述清楚一项任务、一项工作的基本流程，包括组织运作过程，工作人员之间的正式与非正式互动过程，等等。通过对"过程"进行分析，抽象出具体的治理模式和行为特征。最后，需要关注在顺德县域治理中发生的能够体现结构和过程并具有代表性的案例故事。结构与过程分析可能过于抽象，并且县域治理所涉及的工作、行动主体、关系网络纷繁复杂，如果一一进行分析，则只能流于表面、走马观花，导致分析不够深入透彻。因此，我们需要通过一些具体的典型事件和案例来呈现结构关系和基本工作流程。

据此，本书内容分为九个章节。除导论之外，各章节主要内容如下：第一章主要从区位、自然环境、行政区划、县域人口、县域经济、侨乡资源、县域文化等方面描绘顺德基本面貌，分析顺德发展与治理的基本条件，有哪些因素将对顺德县域治理产生直接或间接的影响。

第二章介绍了改革开放四十余年来顺德先后开展的行政管理体制改革、经济体制改革、综合配套改革情况，分析体制机制改革在顺德经济社会发展中的作用和影响，总结顺德改革经验。在历次改革背后是顺德政府角色和职能的转变，以及不断理顺政府与企业、市场的关系。顺德改革经验可以为全省、全国各县区改革提供借鉴。

第三章介绍顺德党政治理主体建设情况。县域党政部门是县域治理的重要主体，攸关治理体系和治理能力现代化建设大局。本章涉及党政机构设置、人事管理、党组织建设、绩效管理、人才工作等内容，分析治理主体建设情况，探讨影响县域治理能力的因素。在正式编制内的人力资源之外，顺德政府还借助市场力量，建立起完善的政府雇员制度，以弥补正式治理资源的不足，提高政府治理能力。

第四章介绍了顺德县域经济发展情况以及政府推动经济发展的主要手段、方式与策略，并总结概括了顺德县域经济治理模式。首先，本章介绍了顺德经济治理背景，包括工业发展先行一步、民营企业独树一帜、区位优势逐渐弱化、产业调整贯穿始终、政府角色灵活调适等五个方面。其次，本章分析了顺德经济的整体性治理模式。政府在改革开放以来的顺德县域经济发展中发挥了重要作用，并形成了一套成熟的经济治理体系和治理模式，具有动员式行政、市场化运作、多元化参与、服务者定位四个具体特征。

第五章介绍顺德县域社会治理状况和治理经验。顺德社会治理水平较高，并呈现出鲜明的地方治理特色——多样化的社会治理协同结构。本章主要分析顺德社会治安综合治理、城市管理、社会组织参与社会治理等三方面内容，以"治理背景—主体协同—治理行动和效果"为线索，呈现了多元主体如何协同参与社会治理。

第六章介绍顺德县域公共服务供给情况。公共服务供给作为县域治理能力和治理水平的重要表征，是县域治理中的重要内容。本章分别对顺德教育、医疗、就业、养老等公共服务供给情况进行概述，并以顺德养老服务供给为案例，分析顺德公共服务供给模式的基本内容，政府在公共服务供给中的作用与角色，存在的问题及对策建议。

第七章介绍了顺德县域文化治理情况，分别对顺德的历史文化资源、文化产业发展、文化治理机制等进行详细阐述，并总结顺德文化发展经验。顺德具有丰富的文化资源，在治理实践中形成了以区委宣传部为核心，多元主体参与的文化治理网络。政府运用自愿性、强制性和混合性等政策工具实施治理，并形成了重点项目的归口统合、日常项目的按章办事、外包项目的主导合作等差异化的治理机制。

第八章对顺德县域治理经验进行总结与回顾，分析归纳顺德县域治理模式及其特征，探索实现县域善治的中国道路。作为东部经济发达地区的典型县域，顺德的县域治理经验具有重要价值。从发展阶段来看，顺德走在了全国县域前列，因此，顺德所面临的问题同样也是其他县域现在或将来可能会面临的问题。通过对不同类型县域的治理经验进行分析，将描绘出波澜壮阔的

"中国之治"图景。

为了对顺德县域治理情况的不同面向进行研究，在开展研究之前，我们制定了详细的研究框架、调研计划和资料收集结构，并根据研究内容确定调研单位，包括了顺德区委区府办、组织部、宣传部、政法委、公安局、发展规划和统计局、经济促进局、财政局、环境运输和城市管理局、市场监督局、民政和人力资源保障局、农业农村局等 12 个党政部门。2019 年春季学期，我们完成了实地调研前的准备工作，招募了包括中山大学、中央财经大学等高校在内的 4 名博士生、7 名硕士生、2 名本科生组成调研团队。并且，我们还开展了为期两天的调研培训，讲解县域调研内容、工作任务、田野调研方法和基本规范，以确保调研能够以较高质量完成。正式调研是从 2019 年 7 月中旬开始至 8 月底结束，约有一个半月的时间。依托于国家社会科学基金重大项目"新时代县域社会治理能力建设研究"的经费资助，在顺德区委组织部的大力支持下，我们得以顺利组织 13 名团队成员到顺德区相应的部门、岗位开展实习和调研。

在实习过程中，我们要求每一位学生不仅需要完成单位领导交付的日常工作任务，还需要开展参与式观察，每日记录和提交调研日志。在实习期间，我们还每周开展一次讨论会，讨论调研工作进展、存在的问题以及解决方案。此外，我们还要求实习学生对单位主要领导、科室负责人以及工作中涉及的关键人员进行深入访谈，了解部门运作、业务开展过程以及讨论相关领域的县域治理议题。通过参与式观察和深入访谈，我们得以近距离了解不同党政部门的组织运作情况以及真实的县域治理实践，收集了丰富详实的一手资料和二手资料，为后续开展研究奠定了坚实基础。

　　诚然，由于一个县的治理规模相当庞大，涉及的内容十分复杂，对一个县进行全面、彻底的研究难以实现，我们也仅是选择一些重要的领域开展研究工作。在研究过程中，我们借助所收集到的丰富资料来讲述清楚一个个完整的治理"故事"，并对不同领域的治理行为、治理效果和治理模式进行详细分析，进而描绘出顺德县域治理的总体情况，讨论顺德是如何走向县域善治的。在此，也希望本研究能够起到抛砖引玉的作用，以推动县域治理研究的进一步拓展。

第一章

顺德概况

本章作者：黄伟民、陈那波

◇　　◇　　◇

顺德区隶属于广东省佛山市，地处广东省中南部，珠江三角洲、粤港澳大湾区的腹地。全区东西相距 39.4 千米，南北相距 37 千米，总面积 806.57 平方千米[1]。顺德所在地域，在春秋战国时属于百越地，隋、唐时期属于南海郡番禺县管辖，在宋、元、明初期曾并入南海县[2]。1452 年，明朝政府在平定黄萧养起义之后，为加强对起义策源地的控制，在该地区设置顺德县。行政上隶属于广州府，建制设置延续至清末。1992 年，顺德撤县设"县级市"，2003 年，顺德撤市设区，成为佛山市下属五个辖区之一。历史上顺德素有"岭南壮县""南国丝都""广东银行"的美誉[3]。

顺德区人口众多，截至 2019 年年末，顺德区常住人口为 278.32 万人[4]。顺德区县域经济发达，形成了以制造业为主体的经济形态，位于国内县域经济体前列。2019 年顺德区地区生产总值（GDP）为 3 523.18 亿元，其中，第一产业、第二产业、第三产业增加值分别为 50.69 亿元、2 048.71 亿元、1 423.79 亿

[1] 顺德区地方志办公室，《顺德年鉴》编辑部编. 顺德年鉴 2018 [M]. 北京：方志出版社，2019：52.
[2] 招汝基主编. 顺德县志 [M]. 北京：中华书局，1996：87.
[3] 招汝基，等. 先行者的 30 年：追寻中国改革的顺德足迹 [M]. 新华出版社，2008：3.
[4] 资料来源：《2019 年佛山市顺德区国民经济和社会发展统计公报》。

元[1]。2019年10月，《2019年中国中小城市高质量发展指数研究成果》发布，顺德区再一次卫冕，意味着顺德已连续第八年位列全国百强区榜首。

相较于中原大地上具有悠久历史的县域来说，顺德置县的历史并不长。与许多数千乃至数十万平方千米、地域广袤的县域相比较，顺德的县域面积也不大。但就是在这样一片面积相对狭小的土地上，自近代以来，却屡屡创造了许多经济奇迹，社会治理水平也处于全国前列。要认识和理解顺德取得的治理成就，首先需要对作为治理对象的顺德有一个总体性认识。

本章将介绍顺德区基本情况，内容包括地理位置、自然环境、行政区划、经济、财政、人口、文化等方面。对于县情的介绍和描述具有重要的意义，有助于我们理解顺德所代表县域治理的类型，总结其治理特征和治理特点。通过本章内容，初步回答一些基本问题：顺德本身的发展条件怎么样？哪些因素对于顺德县域治理形成直接或者间接的影响？在此基础上，我们将对顺德县域治理实践进行详细的总结和阐述。

区位条件

地理位置和自然环境是一个区域发展的前提和基础条件，其

---

[1] 资料来源：《2019年佛山市顺德区国民经济和社会发展统计公报》。

状况的好坏对经济社会发展具有重要影响[1]。顺德区地理位置优越[2]，地处珠江三角洲腹地、粤港澳大湾区的中心地带，毗邻广州、香港、澳门，与广州相距32千米，与香港特区相距127千米，与澳门特区相距80千米。

顺德的铁路、公路、水运交通便利。铁路交通方面，广珠城际轨道交通贯穿顺德，并在顺德境内设有碧江站、北滘站、顺德站、顺德学院站、容桂站5个站点。此外，2022年5月1日，广州地铁7号线西延顺德段正式开通初期运营，是顺德第一条"零换乘"进入广州的地铁，也是大湾区第二条实现广州与佛山"零换乘"的地铁线，串联起北滘新城、陈村新城以及广州南站发展区[3]，极大地便利了广佛两地居民出行，进一步促进顺德与广州之间的联通和"广佛同城"的一体化建设。

在公路交通方面，截至2018年，途经顺德的高速公路有广珠西线高速、广州绕城高速南二环、沈海高速、佛山一环及南延线、东新高速公路、广明高速公路，形成四通八达的高速公路交通网络。2019年起，顺德重点推进内、中、外环等快速环线建设，构建内联外通的交通体系，融入粤港澳大湾区交通网络[4]。在水

［1］黄道功. 县委书记如何认识县情：以河南省兰考县为例 ［M］. 北京：党建读物出版社，2010：21-22.
［2］顺德区地方志编纂委员会编，招汝基主编. 顺德县志 ［M］. 北京：中华书局，1996：86.
［3］谭超，穗铁宣. 广州地铁七号线西延段今14时开通 ［N］. 南方日报，2022-4-30（A04）.
［4］新浪网：南沙大桥正式通车 顺德加速融入粤港澳大湾区交通网，2019年4月3日，http：//gd.sina.com.cn/sd/2019-04-03/detail-ihtxyzsm2772107.d.html.

路交通方面，顺德河道宽阔且纵横交错，水运交通便利，是江海直达的重要交通枢纽。截至2017年，顺德共有港口码头34个，港口完成总吞吐量1707.53万吨[1]。其中，顺德港水运口岸是佛山市内最大水运口岸，平均每天有8个以上航班往返于顺德港与香港中港城码头[2]。2019年4月，位于杏坛镇的顺德新港正式开展外贸业务，并有望成为珠三角最大的内河码头[3]。顺德新港通过水路直通海外国际港口，陆路与佛山一环南延线相连，货物可直达全国各地，是目前顺德通航条件最好的河岸线[4]。此外，顺德临近广州白云国际机场、佛山沙堤机场，具有便利的空运条件。

顺德经济的快速发展与其优越的地理位置、便利的交通条件有重要关系。由于位于粤港澳大湾区的中心地带，且拥有便利的交通体系，顺德的制造业产品能够快速地进入广州、深圳、香港、澳门等国内城市，也能够快速地进入国际市场。可以说，在改革开放四十年的历程中，顺德经济能够取得重大成就，长期占据全国百强区榜单的首位，其得天独厚的地理位置提供了重要条件。

---

[1] 顺德区地方志办公室、《顺德年鉴》编辑部编. 顺德年鉴2018 [M]. 北京：方志出版社，2019.

[2] 中国口岸协会编. 中国口岸年鉴2017 [M]. 北京：中国海关出版社，2018：467.

[3] 中国新闻网：顺德新港外贸业务正式对外开放，2019年6月16日，http://www.chinanews.com/cj/2019/04-16/8810908.shtml.

[4] 南方网：顺德新港将成广州关区首个内外贸同港运作码头，2018年12月30日，http://fs.southcn.com/content/2018-12/30/content_184659172.html.

自然环境

自然环境对人民的生产、生活具有重要影响，不同的自然环境形成了不同的经济形态、民风民俗。顺德境内土地多数属于珠江冲击而成的河口三角洲平原，地势平坦，由西北向东南倾斜，大部分地区平均海拔在 0.7～2 米，海拔最高的是顺峰山，主峰大岭为 172.5 米[1]。平原面积 473.21 平方千米，占 58.7%；水域面积 301.5 平方千米，占 37.4%；丘陵和台地面积 31.43 平方千米，占 3.9%[2]。

由于河流冲击影响，境内除少数山丘外，大部分是冲击土壤，主要土壤有水稻土、人工堆叠土、赤红壤三类，具有土地类型集中、土质良好、耕作层深厚以及养分丰富的特点[3]，适宜多种农作物耕种。

顺德属于南亚热带海洋性季风气候，常年平均气温 22.6℃，气候温和，雨量充沛，降雨集中在 4～9 月，年平均降雨量 1697.7 毫米[4]，终年可满足双季稻和冬种作物种植需求。顺德常见的灾害性天气主要有高温、低温、阴雨、台风、暴雨、雷暴

---

[1] 李有华主编. 顺德县地名志［M］. 广东省地图出版社，1987：2.

[2] 顺德区地方志办公室、《顺德年鉴》编辑部编. 顺德年鉴 2018［M］. 北京：方志出版社，2019.

[3] 李有华主编. 顺德县地名志［M］. 广东省地图出版社，1987：3.

[4] 顺德区地方志办公室、《顺德年鉴》编辑部编. 顺德年鉴 2018［M］. 北京：方志出版社，2019：53-54.

等，由于台风、暴雨多发，容易造成洪涝灾害，历史上顺德因此遭受重大损失[1]。

顺德水资源丰富，水网交织，有西、北江过境，干（支）流共16条（段），主要从西北流向东南，河宽200～300米，水深5～12米，多数河流河床较深，利于通航、灌溉、养殖[2]。

顺德有着极为优异的农业基础条件，正如顺德人所说的，这一片"撑桨棍插入地都生出叶"[3]的土地，适宜水稻、甘蔗、蔬菜、水果、花卉等作物种植生长。在工业化之前的历史时期，顺德农业发达，人民"即根据地势低洼、潦水容易为患的特点，结合兴修水利，塞埕为塘，叠土成基，兴起基塘耕作技术"[4]，在长期历史实践中形成了"果基鱼塘""桑基鱼塘""蔗基鱼塘"的农业生产模式。这与当地独特的自然环境有很大关系。

顺德自然环境也特别适合花卉的种植。早在明代，顺德下辖的陈村镇一带已经大量种植花卉，到了民国时期陈村花卉种植更加兴盛，年产鲜花17.5～25万千克[5]，陈村也成为享誉全国的"花卉之乡"。近几十年来，花卉种植在顺德农业生产中占据重要地位，2018年顺德农作物及水果种植面积183 290亩，其中，花卉种植面积42 943亩，占23.43%。2019年7月，顺德区农业农村局发布了《顺德区花卉现代农业产业园总体规划》，计划在三

[1] 招汝基主编. 顺德县志 [M]. 北京：中华书局，1996：143、149-150.
[2] 顺德区地方志办公室、《顺德年鉴》编辑部编. 顺德年鉴2018 [M]. 北京：方志出版社，2019：55.
[3] 招汝基等. 先行者的30年：追寻中国改革的顺德足迹 [M]. 新华出版社，2008：3.
[4] 招汝基主编. 顺德县志 [M]. 北京：中华书局，1996：1.
[5] 招汝基主编. 顺德县志 [M]. 北京：中华书局，1996：307.

年时间内投入 1.835 亿元建设国家级花卉现代农业产业园，建成后产生的综合生产产值有望突破 35 亿元[1]。

进入工业化时代之后，广大的平原面积及较为良好的自然环境，有利于顺德家电制造、机械装备、电子通信、纺织服装等劳动密集型产业的发展，顺德全区域内产生了数量众多的村级工业园。自然环境上的优势能够减少投入成本，对农业和工业发展具有促进作用。

行政区划

历史上顺德置县前的地域隶属多次变化。从春秋战国到五代南汉，先后隶属百越、番禺县、南海县、咸宁县，在宋初年重新并入南海县，此后元与明初皆承袭宋制。明英宗正统年间黄萧养起义后，明朝政府在起义策源地设置顺德县，以加强地方控制。县名意为"顺天威德"，寓意要人民顺从朝廷的"威德"[2]。在置县后至清末，顺德均属广州府管辖，民国时期一度由广东省直辖。

新中国建立之后，顺德先后划入珠江专区、粤中行政区、佛山专区（地区）。1983 年撤销佛山地区，实行市管县体制，隶属于佛山市。1992 年顺德撤县设置县级市。1999 年顺德市在经济、社会、文化等事务上被赋予地级市管理权限。2002 年，顺德市撤市设区，正式设置为佛山市顺德区。

---

[1] 资料来源：《顺德规划建设花卉现代农业产业园》。

[2] 招汝基主编. 顺德县志 [M]. 北京：中华书局，1996：85.

改革开放四十年来，顺德区行政隶属上的多次变动，导致了顺德人对于佛山的认同感并不强，在外地的顺德人更多表现出对顺德的认同。区划的变化也对顺德发展产生实质性影响，在撤市设区之后，顺德发展速度放缓[1]。

顺德在广东省具有特殊的政治地位。顺德是广东省改革的"先行者"与"探路者"，无论是在 1992 年、2009 年实施的"大部制"改革，还是 20 世纪 90 年代实施的产权体制改革，顺德"敢为人先"，积极探索，为广东全省乃至全国范围内的改革积累了丰富的经验。2011 年，广东省委、省政府确定顺德作为广东省首个"省直管县"试点[2]，享有地级市管理权限和行政执法权限，广东省委、省政府召开的有关会议，省直各部门举行的有关重要业务活动都是直接通知顺德区参加，有关文件和信息直接发至顺德区[3]。在广东省，顺德是一个特殊的存在。

在基层社会管理体制上，从置县开始到清末，乡村地区实行的是"都—堡—图—村"四级行政体制；到 1908 年，清朝政府颁布乡镇自治章程，全县划分为 10 区，共 217 村；民国时期，以县为自治单位，设 10 个区，193 个乡，后实行保甲制度，乡村社会变为"区—镇/乡—保—甲"四级管理结构[4]。

新中国成立至今，顺德的基层社会管理体制多次变化。1958

[1]　邢少文. 区划夹缝中的顺德变迁 [J]. 南风窗，2009 (19)：74 - 76.

[2]　资料来源：《关于进一步完善和深化顺德行政体制改革的意见》（粤办发 [2001] 2 号）。

[3]　周志坤. 广东再力挺顺德试水省直管县 [N]. 南方日报，2011 - 02 - 14 (A02).

[4]　招汝基主编. 顺德县志 [M]. 北京：中华书局，1996：85 - 92.

年之前，实施"区—乡—村"三级管理。1958 年开始人民公社化，共有 10 个人民公社、135 个生产大队和 5 个农场[1]，形成"区—公社—生产大队"的管理设置，此后一直延续到撤销人民公社。1983 年恢复乡镇建制，全县设 10 个区，2 个区级镇，220 个乡，14 个乡级镇，后撤区建镇，1988 年在镇下增设管理区和管理行政村[2]。

1998 年开始撤销管理区，设立村民委员会，并在 1999 年完成[3]，形成了当下的"镇/街—村"的管理体制（见图 1-1）。

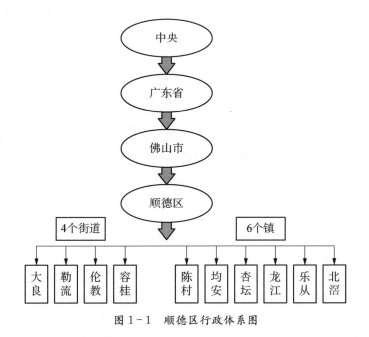

图 1-1　顺德区行政体系图

［1］　招汝基主编. 顺德县志［M］. 北京：中华书局，1996：97.

［2］　招汝基主编. 顺德县志［M］. 北京：中华书局，1996：99-100.

［3］　顺德城市网：《1998 年：理顺农村基层管理体制、设立村委会改革》，2011 年 9 月 14 日，http：//www. shundecity. com/a/cityspecsubj/2013/0223/89267. html.

目前顺德区辖大良、勒流、伦教、容桂 4 个街道和陈村、均安、杏坛、龙江、乐从、北滘 6 个镇,共 97 个社区,108 个行政村[1]。

县域人口

人口既是县域治理的主体,也是县域治理的重要对象。从人口总量上来看,顺德无疑是一个人口大区。2019 年,顺德区常住人口 278.32 万人。其中,户籍人口 151.65 万人,外来人口 126.67 万人;城镇常住人口 274.37 万人,农村常住人口 3.95 万人[2]。结合新中国成立以后前六次人口普查数据以及《2019 年佛山市顺德区国民经济和社会发展统计公报》数据显示,在 2000 年以前,顺德人口数量增长很快,平均每十年人口数量增长 39.90%(见图 1-2)。进入 21 世纪以来的 20 年,顺德区的人口增长速度放缓。

顺德已经成为人口密集的城市区域。2018 年广东省人口密度是 631.38 人/平方千米,广州市人口密度是 2 004.78 人/平方千米,深圳市人口密度是 6 523.57 人/平方千米,佛山市人口密度是 2 040.18 人/平方千米,而顺德区人口密度是 3 359.05 人/平方千米(见图 1-3)。由此可见,顺德的人口密度很高,超过

---

[1] 顺德区地方志办公室、《顺德年鉴》编辑部编. 顺德年鉴 2018 [M]. 北京:方志出版社,2019:53.

[2] 资料来源:《2019 年佛山市顺德区国民经济和社会发展统计公报》。

图 1-2 1953—2019 年顺德区人口总数[1]及增长速度

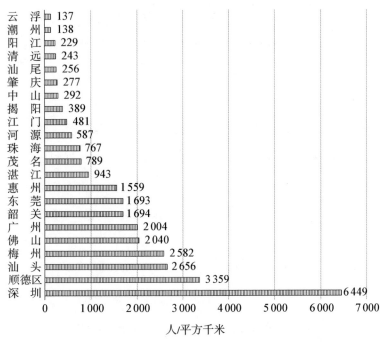

图 1-3 顺德区及广东省各市人口密度比较[2]

[1] 数据来源：1953—1990 年数据来自《顺德县志》（1996：154-162）；2000年、2010 年数据来自国家统计局网站，2019 年数据来自《2019 年佛山市顺德区国民经济和社会发展统计公报》。

[2] 广东省人口数据来源于《广东统计年鉴（2019）》；各地市面积来源于博雅地名网，http：//www.tcmap.com.cn/guangdong/.

了广东省内大多数城市。从人口数量与人口密度来看，顺德的治理规模相当于一个中等城市。

根据全国前六次人口普查的数据，新中国成立七十年来，顺德区人口结构也发生了重大变化。首先，在人口性别结构上，由新中国成立初期的"女多男少，基本平衡"，逐渐演变为"男多女少，性别失衡"的状况（见图 1-4）。

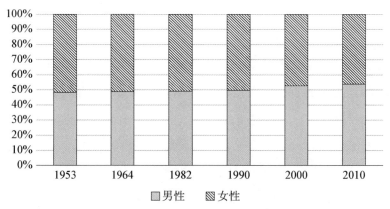

图 1-4　1953—2010 年顺德区人口性别结构[1]

其次，在人口年龄结构上，青壮年人口占比不断增加，而少年、儿童人口占比和老年人口占比在下降，人口结构趋向于"成年型"，劳动人口占比很高（见图 1-5），为顺德的经济发展提供了丰富的人力资源。

再次，在人口受教育程度结构上，小学和未上过学的人口

———————

[1]　资料来源：《顺德县志》（1996：154-162），2000 年、2010 年数据来自《2000 年人口普查分县资料》《2010 年人口普查分县资料》。

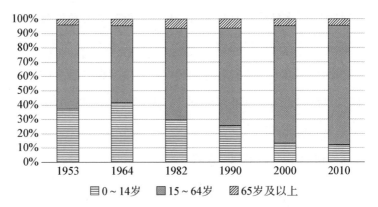

图 1-5　1953—2010 年顺德区人口年龄结构[1]

比重显著下降，初中和高中（含中专）的人口比重显著提升，成为主要组成部分。在 2000 年之后，受过大学（含大专）及以上高等教育的人口显著增长，大大提升了顺德人口的教育素质（见图 1-6）。

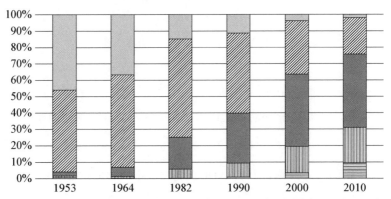

图 1-6　1953—2010 年顺德区人口受教育程度结构

---

[1]　资料来源：《顺德县志》（1996：154-162），2000 年、2010 年数据来自《2000 年人口普查分县资料》《2010 年人口普查分县资料》。

　　最后，顺德外来人口不断增加，户籍人口比例相应降低。2000—2019 年，顺德的户籍人口和常住人口数量均在增长，但是户籍人口在常住人口中的占比有一定程度下降（见图1-7）。目前，在常住人口中有近一半人口是非户籍人口，这意味着顺德的外来人口很多。

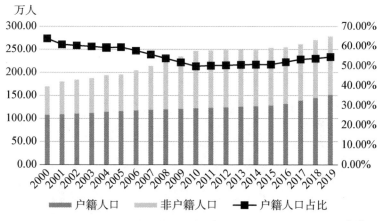

图1-7　2000—2019年顺德区户籍人口与非户籍人口数量变化[1]

　　作为一个区级行政单位，顺德人口数量庞大，人口分布密集。由于年龄结构偏年轻型，且民众的受教育程度较高，为改革开放前三十年顺德经济的高速发展提供了高素质的劳动力资源。但是，这种人口红利正在逐渐消失。随着老龄化程度加深以及生育率下降，未来顺德劳动人口的抚养比会不断增加，将对经济社会发展产生深远影响。此外，顺德的外来人口很多，一方面为顺德的劳动密集型产业发展提供了劳动力资源；另一方面也表明人

---

[1]　资料来源：《2000—2019 年佛山市顺德区国民经济和社会发展统计公报》。

口流动性高，会对社会治安、教育、医疗、公共设施建设等方面形成一定的压力，增加社会治理的难度。

县域经济

自改革开放以来，顺德一直走在县域经济发展的前列，形成了发达的县域经济。1980 年，顺德国内生产总值是 11.6 亿元，到 2019 年，顺德国内生产总值是 3 523.18 亿元，增长了 303 倍（见图 1-8），连续八年成为全国综合实力百强区第一名[1]。

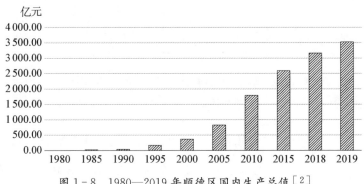

图 1-8　1980—2019 年顺德区国内生产总值[2]

2019 年，在佛山市下辖五个区中，顺德的地区生产总值最高（占全市的 33％），并且超过了广东省内许多地级市。例如，2019 年茂名市地区生产总值是 3 252.34 亿元、中山市地区生产

[1] 新华网：《2019 年中国中小城市高质量发展指数研究成果发布》，2019 年 10 月 8 日，http：//cx. xinhuanet. com/2019-10/08/c_138455188. html.
[2] 数据来源：《顺德县志》（1996）、《中国城市统计年鉴》、《佛山市顺德区国民经济和社会发展统计公报（2000—2018）》。

总值是 3 101.10 亿元，均低于顺德（见图 1-9)[1]。

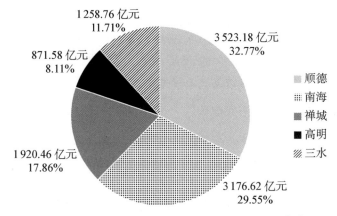

图 1-9　2019 年佛山市各区国内生产总值占比[2]

目前，顺德已经形成以制造业为主的产业结构。在 20 世纪七八十年代，顺德创立了全国首家"三来一补"企业——大进制衣厂。此后工业化快速发展，乡镇企业实现腾飞，在 80 年代中后期就享有"家电王国""家电之都"的美誉，和南海、中山、东莞一起被称作"广东四小虎"[3]。在顺德，诞生了美的、科龙、格兰仕、万和、万家乐、神州、康宝、华宝等全国著名家电品牌，美的、碧桂园也成为世界 500 强企业。顺德具有数量众多的民营企业，它们是顺德经济发展的重要支撑。顺德区经济促进局的数据显示，2017 年顺德规模以上工业企业数量共计 1 726 家，

---

[1]　资料来源：《2019 年中山市、茂名市国民经济和社会发展统计公报》。
[2]　数据来源：《2019 年顺德、南海、禅城、高明、三水国民经济和社会发展统计公报》。
[3]　刘品安. 珠三角地区改革发展战略研究 [M]. 广州：广东人民出版社，2013：27-28.

其中私营企业 506 家。

2000 年，顺德工业产值为 174.48 亿元，占当时顺德地区生产总值的 47.85%；2018 年，顺德的工业产值为 1 767.85 亿元，占顺德地区生产总值的 55.87%（见图 1-10）。目前，顺德工业发展形成了家用电器、机械装备、电子通信、纺织服装、精细化工、家具、印刷包装、医药保健等八大支柱产业。"顺德制造"的品牌效应凸显，顺德已成为"中国家电之都""世界设计之都""中国机械装备工贸名镇""中国木工机械重镇""中国家具第一镇"。

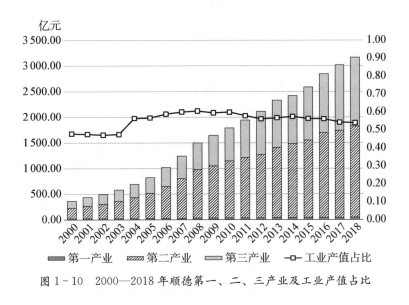

图 1-10　2000—2018 年顺德第一、二、三产业及工业产值占比

发达的县域经济为政府财政收入的增长和人民生活水平的提高奠定了基础，为顺德区社会建设、文化建设、精神文明建设提供了保障。在经济建设取得巨大成就的同时，顺德的财政收入也变得充裕。近年来，顺德的财政收入持续增长，2014 年财政收入是 174.21 亿元，2018 年，财政收入是 235.78 亿元，与同属佛山

市的南海区规模相当，但远超其他三个区（见图 1-11）。在 2018 年，南海财政收入 239.03 亿元，禅城是 89.30 亿元，高明是 40.40 亿元，三水为 62.44 亿元。县域财政收入的增加有利于提升县域政府的有效治理能力，是县域实现"善政良治"的重要条件。财政收入决定着各项经济社会建设的投入规模，对县域发展产生重要影响。

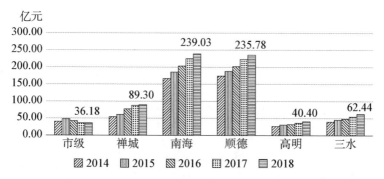

图 1-11　2014—2018 年佛山市及下属各区财政收入情况[1]

与充裕的财政收入相对应，顺德的财政支出规模也相当庞大，且近年来还在增长。2014 年，顺德的财政支出是 156.39 亿元，到 2018 年，财政支出是 230.85 亿元，略低于 2018 年南海区财政支出，远超其他三区（见图 1-12）。

顺德人民也参与分享了县域经济发展果实，居民收入不断增长。早在 20 世纪 90 年代初，顺德人民就已经基本达到了小康水平。1991 年，农民人均年收入为 1 612 元，人均生活消费品支出 1 364 元；城镇居民人均年总收入 4 577.4 元，人均年生活消费支

---

[1]　佛山市统计局. 佛山统计年鉴 2015—2019［M］. 佛山：佛山市统计局，2019.

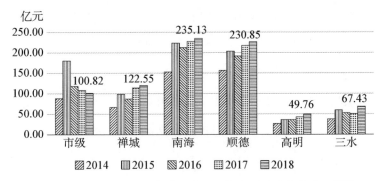

图 1-12 2014—2018 年佛山市及下属各区财政支出情况[1]

出 3 439.56 元[2]。2000 年，农村居民人均可支配收入为 6 646
元，城镇居民人均可支配收入为 14 394 元（见图 1-13）。进入
21 世纪之后，顺德区农村与城镇居民人均可支配收入均实现了
快速增长。

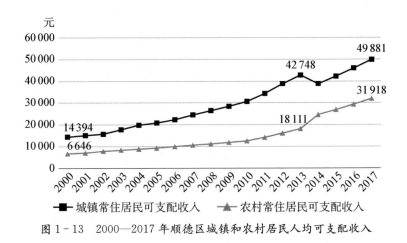

图 1-13 2000—2017 年顺德区城镇和农村居民人均可支配收入

[1] 招汝基主编. 顺德县志 [M]. 北京：中华书局，1996：223-230.
[2] 佛山市统计局. 佛山统计年鉴 2015—2019 [M]. 佛山：佛山市统计局，
2019.

2018 年，顺德居民年人均可支配收入为 54 038 元，人均生活消费支出 39 342 元[1]。居民收入的增长成就了人民生活的富足。顺德每百户居民家庭拥有摩托车 82 辆、家用汽车 84 辆、电冰箱 106 台、计算机 116 台、移动电话 300 部[2]，可见顺德人民生活水平之高。

侨乡资源

顺德是一个历史悠久的侨乡，最早一批侨胞可以追溯到 15 世纪黄萧养起义失败后。当时为逃避朝廷追捕，县民大批外逃，水藤乡一队农民乘船漂流辗转抵达印度[3]。截至 2017 年，顺德拥有 50 多万名华侨华人、港澳台乡亲，其中，港澳台乡亲 30 多万人，归侨侨眷约 1.5 万人[4]。顺德华侨华人遍布五大洲 56 个国家和地区，其中主要集中在东南亚、东南非等地，近年来顺德华侨主要向欧美国家转移[5]。

顺德华侨能人辈出，在各界均取得显赫成就。例如，在政界有塞舌尔共和国第一任总统陈文锦、澳大利亚墨尔本市市长苏震西；在商界有香港恒基兆业创始人李兆基、香港新世界发

[1]　资料来源：《2018 年佛山市顺德区国民经济和社会发展统计公报》。
[2]　资料来源：《2018 年佛山市顺德区国民经济和社会发展统计公报》。
[3]　招汝基主编. 顺德县志 [M]. 北京：中华书局，1996：1172.
[4]　顺德区地方志办公室、《顺德年鉴》编辑部编. 顺德年鉴 2018 [M]，北京：方志出版社，2019：56.
[5]　郑永年，张培发. 顺德实践：中国县域发展范本 [M]. 北京：中信出版社，2019：334.

展创始人郑裕彤、周生生集团董事长周君令；在演艺界有世界巨星李小龙[1]。

海外侨胞与顺德联系密切。1995 年，由顺德区政府支持成立了世界顺德联谊总会，计有会馆、商会、同乡会、联谊会等团体会员 80 多个，分布在 30 多个国家和地区。2016 年 4 月 23 日，世界顺联第十届恳亲大会在顺德举办，共有来自世界五大洲 20 多个国家和地区的 1200 多位海外乡亲参加盛会[2]。这种乡情和乡谊的存在促使了海外侨胞和港澳同胞积极地投身家乡建设。

长期以来，海外侨胞和港澳同胞为顺德工业化发展做出了重要贡献。早在 1880 年，就有美国侨胞投资 5 万银元开办顺成昌缫丝厂。到 20 世纪 20 年代，华侨投资的缫丝厂逾百家，例如，南非华侨周潘回乡投资了十多家大工厂，其中永成昌、成栈是当时全省规模最大、工人最多的丝厂[3]。在 20 世纪五六十年代，顺德华侨和港澳同胞投资兴办了顺德华侨玻璃厂，但此后很长一段时期海外侨胞的投资渠道断绝。

改革开放初期，港澳同胞开始在顺德兴办"三来一补"和"三资"企业。"风扇大王"翁佑在顺德投资创办了蚬华电器制造厂，后来发展成为亚洲最大的吊式电风扇制造厂，为顺德成为"家电王国"奠定了良好的基础。此外，香港乡亲梁尚牵头引进顺德生力啤酒有限公司，汤伟立在勒流投资创办顺

---

[1] 郑永年，张培发. 顺德实践：中国县域发展范本 [M]. 北京：中信出版社，2019：335－336.
[2] 搜狐网.《顺商回家 共绘蓝图》，2016 年 4 月 27 日，https://www.sohu.com/a/71919491_119556。
[3] 招汝基主编. 顺德县志 [M]. 北京：中华书局，1996：378.

流自行车厂[1]。

众多海外侨胞和港澳同胞热心资助家乡公益事业，积极修建学校、图书馆、医院、道路，为家乡发展做出了重要贡献。仅在1978—1985年间，以梁銶琚、郑裕彤、李兆基等为代表的海外华侨、港澳同胞在顺德捐资15520万港元，新建中学13所，扩建3所；小学13所，扩建17所；新建医院、卫生站20个；兴建桥梁71座，修建公路115千米；兴建会堂8所，还捐建侨联会址、敬老院、修复文物古迹等[2]。海外侨胞和港澳同胞在顺德经济社会建设中发挥了重要作用。

县域文化

商业文化

独特的地理位置与自然环境孕育了顺德商业文化与市场经济，早在明清时期就发展出"果基鱼塘"和"桑基鱼塘"的农业发展模式[3]。明朝时期的顺德人利用低洼地挖成鱼塘来养鱼，用淤泥修筑塘基，在塘基上种植果树，被称为"果基鱼塘"。在葡萄牙人占据澳门之后，澳门成为中外贸易的重要场所。由于国

---

[1] 郑永年，张培发. 顺德实践：中国县域发展范本 [M]. 北京：中信出版社，2019：338－339.

[2] 《顺德风采》编写组编写. 顺德风采 [M]. 广东人民出版社，1986：268－271.

[3] 招汝基主编. 顺德县志 [M]. 北京：中华书局，1996：181.

际市场对蚕丝织品的需求增多，顺德人开始种植桑树，形成"桑基鱼塘"模式。顺德人善于种植并长期受到商品经济的熏陶，具有敏锐的市场意识[1]，会根据市场需求调节生产。得益于顺德人的勤劳与智慧，传统的小农经济孕育出浓厚的商业文化。

纵横交错的水运也为顺德商业发展提供了便利。多条水道连接珠江和西江，内部形成了水网纵横的水乡农业格局和四面临江的商业航运体系。利用水网遍布的地理条件发展农业和水产养殖，通过便利的航道交通物流，明清时期顺德发展出亦农亦商的经济体系[2]。

明朝中期之后，顺德商业活动逐渐繁盛，嘉靖年间全县有大型圩市 11 个，明朝末年增加到 41 个，到清中后期间，全县有圩市 62 个[3]。在明朝末年出现了产品专业集散地，包括桑市、丝市、鱼种市、塘鱼市等，形成了以丝业和蚕业为主的产业发展模式。明清时期的顺德甘竹滩逐渐成为两广重要的水上交通枢纽，滩圩商铺林立。在咸丰年间，清政府还在此设立关税厂和官办银庄[4]。1900 年之后，顺德已经成为广东省内蚕丝业的贸易中心，顺德人陈如所作的《趁圩谣》中曾记述：

年复年，日复日，一旬三圩一、四、七。日复日，年复年，年

---

[1] 郑永年，张培发. 顺德实践：中国县域发展范本 [M]. 北京：中信出版社，2019：XXVI.

[2] 陈春花等. 顺德 40 年：一个中国改革开放的县域发展样板 [M]. 北京：机械工业出版社，2018：246-248.

[3] 陈斌主编. 走进逢简 [M]. 广州：广东人民出版社，2012：38.

[4] 张永锡编纂. 龙江千年回眸（增订本）[M]. 广州：广州出版社，2001：52.

年趁圩人万千。圩中何所有？身服适身食适口。新丝卖去织绫罗，洋杂土货多罗罗。近日丝多价越起，洋船采办来千里。广丝装学湖丝装，广州价比湖州美。家家早起夜眠迟，出丝要赶趁圩期。[1]

民国时期，顺德的蚕、桑、茧、丝等货物贸易持续发展。在20世纪20年代，容奇镇已经成为蚕丝等农产品的集散地，被称为"小广州"[2]，顺德的商业繁盛可见一斑。

近代以来，顺德工业也得到发展，并且形成一定规模。根据1921年民国工商部的统计，当时全国工厂有363家，广东136家，江苏114家，京师6家，湖北9家。在广东的136家工厂中，顺德占86家，产业工人6万多人，比上海和天津的产业工人总和还多近万人[3]。民国初年的顺德已经是广东首富县。

顺德具有经商文化和商业传统，形成了路径依赖效应，在当下也发挥着重要作用。本地人民具有包容心态、国际视野，尊重市场规则，愿意参与市场竞争，具有平等的商业精神和敢闯敢拼的创业精神。这也是改革开放四十年顺德取得重大经济成就的原因之一。

饮食文化

饮食既反映了一地区的气候条件、风俗习惯、生活态度，也

[1] 招汝基主编. 顺德县志 [M]. 北京：中华书局，1996：621-622.

[2] 招汝基主编. 顺德县志 [M]. 北京：中华书局，1996：623.

[3] 林德荣编著. 可怕的顺德：一个县域的中国价值 [M]. 北京：机械工业出版社，2009：21-26.

塑造着该地人民的脾气、秉性与气质。顺德是一个具有丰富饮食文化的地域，自古以来岭南地区就流传着"食在广州，厨出凤城"的谚语（"凤城"指顺德）。

顺德美食的特征被精辟地总结为"五味周全，六艺领鲜，饮和食德，顺其自然"。顺德美食食材众多、口味复杂多变，注重保持食材的鲜味，包含了"邻里和睦，家族和谐"的文化内涵，尊重自然规律，"不时不食"，结合岭南地区高温潮湿的气候特点，形成了"食补同源、注重养生"的饮食特点[1]。

2014年，顺德被联合国教科文组织授予"世界美食之都"称号，是全世界8个、中国仅有3个的"世界美食之都"之一，顺德美食文化也开始走向世界。顺德也是全国餐饮名店、知名厨师的聚集地。目前拥有各类餐饮企业1.3万余家,36家酒楼拥有"中华餐饮名店"之称，拥有43位"中国烹饪大师"和28位"中国烹饪名师"[2]。从2006年开始，顺德每年举办岭南美食文化节，展示顺德美食魅力，宣传推广顺德美食文化[3]。截至2019年，顺德美食文化节已连续举办13年，已经成为弘扬顺德美食文化、促进美食产业发展、推动区域交流合作的重要平台。

对于美食的爱好，反映了顺德人注重生活品质，向往美好生活。《顺德县志》曾评价"县人向来注重饮食，食不厌精，脍不

---

[1] 郑永年，张培发. 顺德实践：中国县域发展范本 [M]. 北京：中信出版社，2019：262-268.

[2] 资料来源：《顺德美食旅游文化概况》。

[3] 顺德区地方志办公室、《顺德年鉴》编辑部编. 顺德年鉴2011 [M]，北京：方志出版社，2012.

厌细，以制作精巧、色香味形俱佳驰名远近"[1]。

顺德的饮食文化是建立在本地商业经济不断发展的基础上，并且随着商业兴盛不断创新变化。从商业与饮食文化来看，顺德人的精神气质具有两面性。一方面具有开拓创新精神，不甘于平庸；另一方面又具有"知足常乐"的生活心态，注重生活质量。顺德的商业和饮食文化塑造着顺德人独特的精神文化内涵。

小结

本章对顺德的整体情况做了一个速描，包括区位、自然环境、行政区划、人口、县域经济、侨乡资源、文化等内容，以期描绘出顺德的大致轮廓，形成对顺德的初步认识。当然，要全面、详细地描述顺德，仅仅这点文字笔墨是远远不够的。

顺德是一个具有典型性的县域研究案例。顺德同时具有发达的县域经济、优越的地理位置、众多的人口、繁盛的商业文化、丰富的饮食文化、充沛的侨乡资源等特征。作为一个县级行政单元来说，顺德在改革开放和经济发展中的作用、地位以及取得的成就令人瞩目，在探索中国特色社会主义市场经济发展之路的过程中承担了历史任务，并作出重要贡献。邓小平同志曾经于1984 年、1992 年两次考察顺德，并且提出了"发展是硬道理""思想要再解放一点，胆子再大一点，改革的步子再快一点"的

[1]　招汝基主编. 顺德县志 [M]. 北京：中华书局，1996：626.

论断[1]。顺德也不负厚望，大刀阔斧地进行行政体制改革和产权体制改革，经济实现跨越式发展，人民率先实现小康。顺德是中国改革的先行者，创造了中国县域经济发展的奇迹[2]。为此，人们将顺德称为"可怕的顺德"[3]，顺德被看作县域发展的样板[4]。为何一个南国小县能取得如此瞩目的成就呢？对于这一问题，或许本章内容能够形成一个初步的答案。

顺德是珠江三角洲流域工业经济发达的县域治理典型。当前顺德已经成为一个人口众多、经济发达、财政充足、人民富裕的城市区域。虽然顺德的资源并不丰富，但也有自身独特的优势。首先，地理位置优越，水陆交通便利。临近广州、深圳、香港、澳门等城市，位于几个大城市的边缘地带，不仅为顺德发展提供了广阔的市场空间，也有利于引进人才和资本，而便利的交通为顺德沟通内外提供了便利。其次，在顺德早期发展中，丰富的侨胞资源为工业化发展提供了启动资金，解决了资本不足的问题。最后，在长期的历史实践中，顺德形成了浓厚的商业文化氛围和改革创新精神，激励着顺德人民勇于开拓，勤于致富。

总结顺德经验，对于中国县域经济发展具有重要借鉴意义。经过四十多年的改革开放，中国经济成就举世瞩目。这些成绩是

---

［1］ 姚斌华，王基国主编. 人民日报记者眼中的顺德［M］. 北京：人民日报出版社，2007：161.

［2］ 招汝基等. 先行者的30年：追寻中国改革的顺德足迹［M］. 新华出版社，2008.

［3］ 林德荣编著. 可怕的顺德：一个县域的中国价值［M］. 北京：机械工业出版社，2009.

［4］ 陈春花. 顺德40年：一个中国改革开放的县域发展样板［M］. 北京：机械工业出版社，2018.

由众多发达县域经济体努力拼搏而获得的。与此同时，我国还存在许多发展落后的县域。解决区域发展不平衡问题，推动经济高质量发展是中国在未来很长一段时间内需要完成的艰巨任务。顺德在改革开放过程中形成的发展经验，可以为其他县域发展提供借鉴和学习范本。

第二章

顺德改革

本章作者：王冰杰、陈那波

顺德，一个南国小县，却 11 次入围"中国全面小康十大示
范县市"，连续八年名列全国综合实力百强区第一，连续两年居
全国绿色发展百强区榜首。在中国近 3 000 个县域当中，顺德脱
颖而出，被看作"县域发展的样板"[1]。为什么是顺德？顺德
的成功"密码"是什么？有关顺德的讨论和研究无不围绕这些
问题，并从政治、经济、社会、人文地理等多个角度尝试回答。
不同于以往，本章没有直接回答这一困惑，而是选择回到顺德
开启高速发展的起点，从关键的历史进程中回顾顺德的具体做
法及其成就，直面顺德政府的选择、作为并塑造顺德面貌的真
实历程。本章主要对顺德四十年来改革发展的历程进行回顾与
梳理。改革开放是顺德发展的新起点，自 20 世纪 80 年代以来，
顺德充当改革急先锋，大力发展乡镇企业，一跃成为"广东四
小虎"之一。四十年来，改革始终是顺德从不消褪的底色。根
据改革的领域和具体内容，本章将围绕顺德行政管理体制改革、
顺德经济体制改革和顺德其他综合配套改革等三个方面对顺德
的改革历程进行全面回顾。

回顾顺德的改革路径，有两个实践经验不可忽视。首先是
行政体制改革和经济体制改革的配套实施。行政管理体制改革

---

[1]　陈春花等. 顺德 40 年：一个中国改革开放的县域发展样板 [M]. 北京：
机械工业出版社，2018：20.

成为经济体制改革进一步深入的关键，两个方面的改革相互促进、相辅相成。不搞行政管理体制改革，经济体制改革无法深入；不进行经济体制改革，行政管理体制改革失去了依据和基础，改了也不能巩固。顺德综合改革之所以取得了预期的效果，正是因为把二者有机地结合了起来，这是一条容易被人忽视，却又是十分重要的经验。

其次是改革、发展、稳定三者的有机结合。顺德始终将改革看作克服困难、推动经济不断发展的根本出路。大改革大发展，小改革小发展，不改革只有死路一条。20 世纪 90 年代初，顺德"三个为主"的发展模式受到挑战，顺德果断推进新一轮改革，以此来解决发展中出现的各种问题，通过体制创新来促进经济增长方式的转变。同时，改革和发展有机结合。在改革中加大发展的力度，通过发展巩固改革的成果。经济发展为改革提供了强大的物质基础，更让群众从改革中获得红利，形成改革合力。最后，顺德善于创造一个稳定的环境，减少改革和发展的阻力。在做好充分的思想准备、政策准备、保障准备后，能够根据不同的情况分类指导、协调推进，保证改革的平稳过渡。

几十年来，顺德敢为人先、争做改革先锋。在关键时期抓住发展机遇，实现了经济社会的大转型，成了我国县域社会高质量发展的典型代表。

行政管理体制改革

行政管理体制改革的启动

（一）改革背景

在改革初期，顺德的发展之路并不是一帆风顺的。虽然顺德较早地建立起"三来一补"企业，但随着对外开放的步伐加快，顺德的先发优势逐渐减弱。很快地，顺德采取了更灵活的生产方式，将本地发展较好的集体企业基础和外商外资带来的经营方式相结合，组建了一批立足于镇办集体企业的，拥有自主品牌、可以自主经营的合资企业，走出了一条不同于其他县域的顺德之路，获得了更大的发展空间[1]。仅仅过了十年，顺德就实现了从农业县到工业县的跨越式发展，成功跻身于全国百强县。

顺德在实现农村工业化的过程中，逐渐形成了公有经济为主、工业为主、骨干企业为主的发展模式。据 1993 年调查统计，顺德工业企业的注册资本，公有经济占 74％以上，外资占 24.7％，民间资本仅占 1.28％；公有企业缴纳的工商税金占当年税收总额的 70.9％（未含联营企业）；全市销售超亿元的企业

---

[1] 陈春花等. 顺德 40 年：一个中国改革开放的县域发展样板 [M]. 北京：机械工业出版社，2018：43.

37 家，公有经济企业占 32 家，联营企业 5 家[1]。在此期间迅速崛起的工业企业通常是以政府作为投资主体、靠政府直接投资或担保企业向银行贷款投资负债发展起来的。这种政府主导型的经济增长方式虽然以灵活的机制充分调动了企业的积极性，实现了经济总量的高速增长，但随着改革的深入和开放程度的提高，经济环境市场化进程加快，顺德原有公有经济的发展逐步显露问题。

首先，"投资饥饿症"和国家加强宏观调控实行"双紧"政策的矛盾日益突出。在以经济建设为中心的背景下，各级政府加大投入发展经济成为主旋律，导致固定资产投资规模不断扩大，投资饥渴膨胀。据统计，仅 1992 年，顺德固定资产投入就达到29 亿元，比 1991 年增长 312％[2]。这些投入又源于政府担保的信贷，经济越发展，通货膨胀越严重，严重影响经济的持续稳定发展。宏观调控实施的"双紧"政策虽然遏制了通胀，但一些政府投资项目也产生了连带刹车效应，造成了政府的经济损失。

其次，政府有限利益与无限风险的矛盾日益突出。政府投资办企业的目的是获益，但实践结果却显示政府从企业中获得的利益是有限的，风险却是无限的。"厂长负盈、企业负亏、银行负债、政府负责"就是这种矛盾的真实写照。

再次，企业的应然主体地位和现实的从属身份的矛盾日益

---

[1] 资料来源：《1998 年顺德市产权制度改革的思路与实践》。
[2] 资料来源：《1998 年顺德市产权制度改革的思路与实践》。

突出。市场经济体制下，企业应该是市场的基本单位和竞争主体，企业要按照市场要求组织生产、参与竞争。然而在传统体制下，公有企业还不能做到自主经营。政府作为出资者的代表，对企业的活动可以进行直接的管理和干预。虽然政府曾多次尝试调整国家集体与企业的权益关系，但依然没有触及产权关系等关键问题，企业作为政府附属物的现状没有得到妥善解决。

最后，政府社会管理职能与经济管理职能的矛盾日益突出。政府作为投资主体，成了企业的直接管理者，反而削弱了自身社会管理的职能。政府把精力集中于经济发展而非社会管理，导致基础设施建设落后，城乡建设和城市管理不尽如人意。客观的现实需求成了顺德开启 1992 年改革的内在动力，此时的外部环境也在朝着有助于顺德的方向改变。

1992 年 1 月邓小平南行途经顺德视察，释放了深化改革的政治信号，1992 年 2 月广东省委、省政府将顺德确定为综合改革试验县，1992 年 3 月国务院批准顺德撤县设市，1992 年 9 月，广东省政府正式批准顺德成为综合改革实验市[1]。1992 年 10 月，党的十四大召开，明确了我国经济体制改革的目标是建立社会主义市场经济体制。

内部动力和外部催化因素相结合，一场轰轰烈烈的改革行动在顺德拉开大幕。

---

[1] 资料来源：《1992 年顺德大事记》。

（二）改革行动

1992 年 5 月，经广东省委批准，顺德正式开启了行政管理体制改革，并分为两个阶段逐步推进。

第一阶段，调整机构设置，精简人员。在触及机构调整之前，顺德首先建立起"一个决策中心，五位一体"的领导架构，即党委常委会为决策中心，政府、人大、政协、纪委围绕党委进行分工合作（见图 2-1）。几套班子明确职责、规范权限，既要充分发挥每一个领导成员的作用，又能通过联席会议保持领导班子的高度统一。领导架构稳定之后，进行大刀阔斧的机构精简。

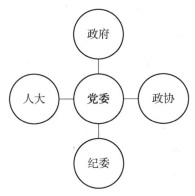

图 2-1 1992 年顺德"五位一体"领导架构图

第一步，撤销归口机构。全部撤销部、委、办这一层次的机构，一竿子到底，由主管各项工作的常委、市长直接联系各部、局[1]，减少政府层级，提高办事效率。第二步，按照同类合并、

---

[1] 1992 年，顺德市委部门统一称部，政府部门统一称局。

另起炉灶、保留强化、转性分离[1]的原则，将行政相同或相近的机构进行合并或合署办公、撤销原有经济管理部门另起炉灶、对一些部门进行保留并强化管理以及对政企不分的机构进行分离划转。改革后，顺德市一级党政机构从56个精减为28个，各部门的内设机构减少125个，镇一级党政部门也从19个减少为16个。第三步，在调整后的行政机构基础上，通过定编定员，减少在编人员近300名。

第二阶段，转变职能，依法行政。从市场经济体制的基本要求出发，重新设计行政部门的职能，彻底实行政企分开、政资分离，强化社会管理。具体做法如下：第一，同时推进以产权制度改革为核心的经济体制改革，彻底实行政企分开、政资分离。第二，加强立法、严格执法，提高依法行政意识，营造法治环境。为了使行政管理有法可依，顺德先后出台50多个地方性规范性文件，涉及改革和经济发展、市场管理、社会保障、城乡规划建设管理、环境保护、安全生产、劳资关系等方面，推动各项行政工作逐步走向法制化。第三，建立规范化的办公制度和办公程序，明确部门职责范围和审批权限。建立健全常委、市长的分工责任制和常委会及联席会议制度，凡党内事情召开常委会议，社会行政重大事情召开联席会议。同时将政府部门的办事流程、办

---

[1] 资料来源：《1998年顺德市行政管理体制改革》。其中，同类合并是指将性质相同或相近的机构，实行合并或合署办公；另起炉灶是指撤销原来的经济管理部门，按照宏观管理的需要成立新的管理机构，赋予其新的职能；保留强化是指对一些部门予以保留或改称，并强化其管理；转性分离是指将那些政企不分的机构分离，把行政职能归口主管部门履行，原部门转为企业或事业单位。

事手续、办事费用和时间向社会公布，规范政府部门的办事程序。第四，实行收支两条线，所有行政收费一律上缴财政，部门的行政费用则由政府根据各部门的实际情况审查核定后由财政拨给，保障廉洁行政。第五，建立社会监督机制。设立市长专线电话，规定各有关部门对市民反映的问题必须有专人处理并呈报结果。实施工程招标公开、行政事业收费公开、行政干部公开招聘等一系列公开制度，努力做到办事公开透明。第六，加强公务员培训，提高行政人员的业务水平和办事效率。坚持考核制度，由组织部门广泛征求各级干部群众的意见，及时对照总结、改进工作。

行政体制改革的先行引领，使得顺德顺利开启了企业产权制度改革、农村行政建制改革、股份合作制的福利社会保障制度改革以及社会事业各项配套改革等，初步建立起了社会主义市场框架，促进了经济和社会的全面发展。到 1996 年年底，顺德实现国内生产总值比 1992 年增长 1.71 倍，工农业总产值比 1992 年增长 1.69 倍，财政收入增长 2.3 倍，城乡居民储蓄余额增长 2.8 倍。政府社会管理的职能也逐渐凸显，顺德大规模的基础设施建设项目得以推进，投资 40 亿元建成准高速公路 130 千米，城市公共配套设施日臻完善，科教文体卫等各项事业蓬勃发展，城市面貌大为改观。

大部制改革

（一）改革背景

2007 年 10 月，党的十七大报告正式提出要加快行政管理体制改革，"加大机构整合力度，探索实行职能有机统一的大部门体制"。2008 年伊始，国务院出台了大部制改革方案，正式拉开了新一轮行政管理体制改革的序幕。自此以后，以"大部门体制"为目标的行政体制改革开始在全国范围内自上而下地推行开来。2009 年 9 月，在广东省委的支持下，顺德的"大部制"改革方案正式出台，决定将全区原有的 41 个党政机关精简为 16 个。方案一经公布，石破天惊，被媒体称作是中国"最大胆"的"党政大部制"改革。更惊人的是，仅仅在改革方案出台 3 天之后，顺德的人事变动随即到位，新鲜出炉的部门负责人集体公开亮相。一时间，顺德成了全国关注的焦点。要理解顺德如何做到的，还要回到顺德改革的起点。

1992 年下半年，顺德以转变政府职能为中心，对行政管理体制进行了改革。然而进入 21 世纪，改革带来的红利逐渐消退，顺德再次遇到发展瓶颈。

一方面，1992 年顺德行政体制改革在精简机构阶段富有成效，并且在随后的十几年内长期保持了党政部门数量不反弹的局面，但在政府职能转变的阶段，上一轮的改革显然没有一步到位，政府的机构设置没有完全适应市场经济发展的需要，还在管管不了、管不好、不该管的事，一些该管的事却没有管好，市场在资源配置中的基础性作用以及公民、社会组织在社会公共事务管理中的作用还未能充分发挥。

随着经济形势的日益复杂，政府和市场的关系逐渐紧张，顺德再次遇到发展瓶颈，经济指标排名呈现下降趋势（见表 2-1）。

表 2-1　全国主要县域地区生产总值比较（2004—2008 年）

单位：亿元[1]

县名	2004 年综合指数	地区生产总值		地方财政一般预算收入	
		2004 年	2008 年	2004 年	2008 年
昆山	113.304	570	1 500	31.54	115.69
顺德	111.644	601.08	1 562.31	33.18	79.34
江阴	108.387	638.26	1 530	37.54	102.19
张家港	107.845	576.2	1 250.31	31.64	103.98
常熟	104.955	565.16	1 150.03	30.06	71.08
南海	104.029	601.08	1 490.75	33.18	76.23
萧山	93.904	500.33	986.50	25.7	63.18
武进	90.601	388	849.87	18.8	53.01
绍兴	88.667	328.96	608.26	17.10	38.52
太仓	88.486	248.22	528.02	12.13	50.18

　　另一方面，曾经有利于顺德发展的外部环境也在悄然改变。2002 年 12 月，经国务院批准，佛山市行政区划得以调整，顺德撤市设区，不再享有地级市管理权限，事权和财权随之减少，发展空间逐渐收缩。随后，为了与上级对口管理，顺德自 1992 年机构改革后一直坚持没有反弹的机构数量慢慢增加，到 2009 年大部制改革前已增加至 41 个。

　　幸运的是，顺德很快找到了新的发展机遇。2008 年 3 月，国务院大部制机构改革方案正式出台。2018 年 11 月，新一轮的地方行政体制改革正式启动。自此，大部制改革开始自上而下地在全国范围内推行开来。"大部制"虽是一个新名词，但对顺德人而言

---

[1]　选取了 2004 年国家统计局公布的百强县名单前十名进行比较，综合指数排名来自 http://www.stats.gov.cn/ztjc/ztsj/bqx/200510/t20051025_54460.html，各地区生产总值和一般预算收入数据来自地方年度统计公报。

并不陌生。早在 1992 年的行政体制改革中，顺德就已经建立起"大商贸局、大教育局、大文化局"的思路。基于这样的改革经验，顺德再次走向了历史舞台的中央，与广州、深圳、珠海、汕头、湛江一起被列为广东省行政体制改革试点，共同进行大部制改革的探索。顺德作为唯一的县级试点，得到了广东省委的大力支持。2009 年 8 月 17 日，广东省委省政府正式批复，同意在维持顺德区目前建制不变的前提下，除党委、纪检、监察、法院、检察院系统及需要全市统一协调管理的事务外，赋予顺德区在其他所有经济、社会、文化等方面地级市的管理权限。顺德没有让人失望，2009 年 9 月 16 日顺德区召开了党政机构改革动员大会，公布了顺德党政机构改革方案，将原有 41 个党政部门合并为 16 个大部门，并当场宣布了 16 个部门的新负责人。方案公开后，有人称顺德改革"石破天惊"，但对顺德人而言，这次改革实则是对 1992 年机构改革的继承、完善和提升，可谓是酝酿已久、蓄势待发。

（二）改革行动

2009 年 9 月，顺德被确定为广东省深化行政管理体制改革和"简政强镇"试点单位。围绕建设服务型政府的目标，顺德大力度、创新性地推进党政机构改革，重磅推出了"大部制"改革，形成了大规划、大经济、大建设、大监管、大文化、大保障的工作格局，引领了行政管理体制改革的方向。从改革的内容来看，顺德本轮改革的目标并不满足于简单的削减机构和精简人员，而是以"效率、服务、公平"为指导原则，将着力点放在了转变政府职能、理顺各方关系、优化资源配置等核心问题上，从理顺"三个关系"入手，努力提高政府服务发展的能力。

一要理顺政府层级之间的关系。随着顺德经济、城市和人口规模的扩大，政府承担的经济社会管理任务越来越重、事务随之增多，但撤市设县后顺德只能按照县级、科级的建制配置，管理权限较以往反而缩小，权力和责任不匹配、事权和财权不统一的矛盾日益突出，这种倒金字塔型的资源配置格局成了制约顺德发展的体制障碍。因此大部制改革旨在重组政府之间的权力结构，将管理资源重心下移，增强基层政府的管理权限和办事效率，解决"人大衣小"的问题。

二要理顺党政部门之间的关系。大部制改革要党政联动对党政部门职能进行有机整合，并将部分省、市垂直管理部门改为属地管理，强化市场监管、社会管理和公共服务等职能，解决部门与部门之间、地方政府与垂直管理部门之间的扯皮、推诿问题。

三要理顺政府、市场、社会三者之间的关系。配套进行行政审批制度改革和社会管理体制改革，着力改变政府职能，向市场、社会简政放权，将专业性、技术性、事务性的事务交由市场和社会办理，政府只管好自己该管的事，调动各方参与经济社会管理服务的积极性，建立完善政府、市场、社会和公民合作互动的协同治理模式。

大部制改革虽然声势浩大，但这一轮的改革其实是在1992年机构成功改革的基础上进行了继承、完善和提升。1992年改革之后，顺德56个党政部门几乎被砍掉一半，精简成为28个部门，成为国内最早探索"大部制"的改革实践之一。17年后，顺德行政管理体制改革再出发，便是在已有改革基础上，赋予了

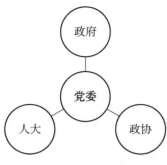

图2-2 2009年顺德"四位一体"领导架构图

"大部制"改革新的内涵。

与1992年领导架构的"一个中心、五位一体"（党委、人大、政府、政协、纪委）不同，新一轮的大部制改革将决策权集中，由"四位一体"（党委、人大、政府、政协）的联席会议来负责全局性的重大决策，纪委及派驻各大部门的纪检组则承担并集中行使外移的监督权（见图2-2）。执行权则交由除发展规划和统计局、决策咨询室之外的大部门和镇街来负责。通过对行政运行机制的创新，保证党政决策权、执行权、监督权既分工清晰又统一协调。在领导架构得到调整的基础上，顺德创新了领导管理制度，设立副处实职的区政务委员职务，由顺德区委常委、副区长和政务委员兼任16个大部门的首长，联席会议决策直接由大部门落实执行，进一步减少了管理层次和中间环节，实现领导分工专业化、决策扁平化。

在机构精简方面，这一轮改革党政联动一起改，对已有的41个党政群部门和部分双管单位的职能进行了同类项合并和优化重组，整合组建16个大部门（见图2-3、图2-4），形成了"大职能、宽领域、少机构"的大部门体制，实现一件事情尽可能由一个部门管理，解决过去部门分设过细、职能重叠、多头管理等问题，提高行政管理的专业化程度和效率[1]。

---

[1] 资料来源：《2010年顺德区体制改革工作情况汇报》。

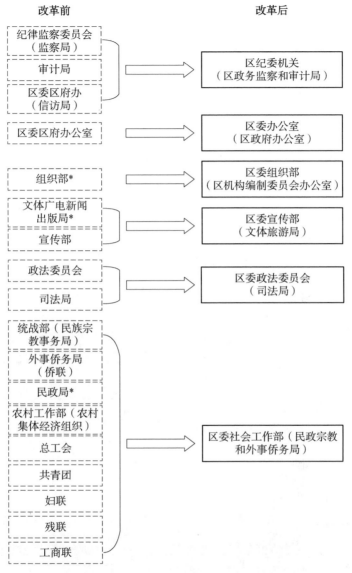

图 2-3　大部门改革后党政机构设置图

注：① 虚线框内为改革前顺德原有设置部门，实线框内为改革后顺德设置部门；

② 组织部*是指组织部（人事局机关和事业单位管理）；

③ 文体广电新闻出版局*是指文体广电新闻出版局（除文体许可及文化综合执法以外，旅游局除旅游市场监管以外）；

④ 民政局*是指民政局（双拥优抚、基层政权建设、民间组织管理）。

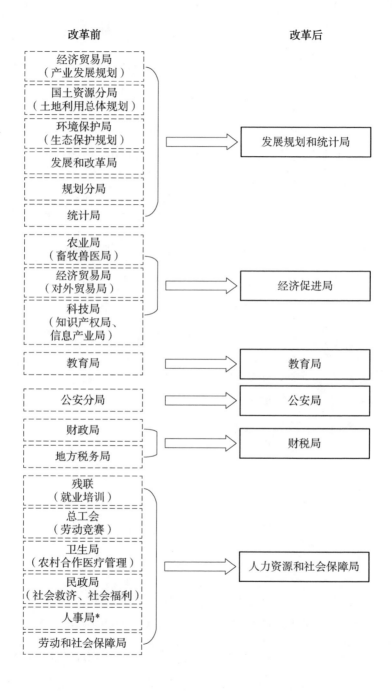

改革前　　　　　　　　　　　　　改革后

经济贸易局
（产业发展规划）

国土资源分局
（土地利用总体规划）

环境保护局
（生态保护规划）　　　　　　　　发展规划和统计局

发展和改革局

规划分局

统计局

农业局
（畜牧兽医局）

经济贸易局
（对外贸易局）　　　　　　　　　经济促进局

科技局
（知识产权局、
信息产业局）

教育局　　　　　　　　　　　　　教育局

公安分局　　　　　　　　　　　　公安局

财政局
　　　　　　　　　　　　　　　　财税局
地方税务局

残联
（就业培训）

总工会
（劳动竞赛）

卫生局
（农村合作医疗管理）　　　　　　人力资源和社会保障局

民政局
（社会救济、社会福利）

人事局*

劳动和社会保障局

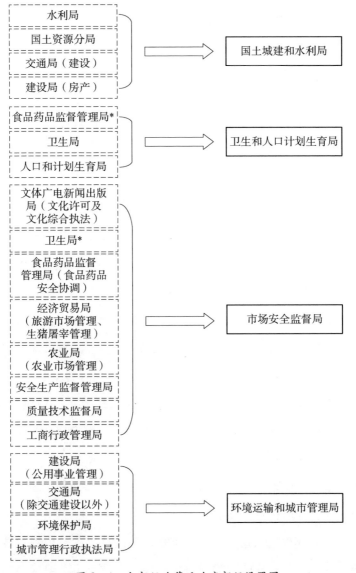

图 2-4　大部门改革后政府部门设置图

注：① 虚线框内为改革前顺德原有设置部门，实线框内为改革后顺德设置部门；

② 人事局*是指人事局（除机关和事业单位人事管理以外）；

③ 食品药品监督管理局*是指食品药品监督管理局（除食品安全协调以外）；

④ 卫生局*是指卫生局（食品安全卫生许可和餐饮业、食堂等消费环节食品安全监管）。

与 1992 年行政管理体制改革进程相似的是，2009 年的改革同样在机构的大幅精简方面做出了巨大牺牲和努力，也得到了更多的关注。然而两次改革的重头戏都在于后续政府内部权责关系的理顺。如果说 1992 年的关键词是"政企分离"，那么 2009 年的关键词则是"简政放权、政社分离"。简政放权，旨在解决"人大衣小""脚大鞋小"的问题。按照"责权对等、能放则放"的原则，顺德向下辖镇街下放县级管理权限，涉及经济社会发展、城市规划建设、社会管理服务等方方面面，并配套以相应的人财物支持，强化镇街自主进行经济发展和社会管理服务的能力。政社分离，旨在解决政府和自治组织在基层管理过程中的职能缺位、能力错位。一方面，让村（居）委会回归自治，开展自我管理、自我教育、自我服务，实现政府治理和基层自治的相对分离、良性互动和有效衔接。另一方面，按照"放减并举"的原则，在下放管理权限的同时，减少行政干预，通过委托、授权、购买服务等方式将一部分行政职能和事项转移交由事业单位、市场中介和社会组织承担。同时发展社区服务，培育社会组织，吸纳更多的社会力量参与到社会管理和服务的过程中来。充分发挥市场中介、社会组织和市民的力量，多渠道、多元化、多形式地开展社会管理和公共服务。

2009 年掀起的这一轮行政管理体制改革堪称是中国"最大胆"的"党政大部制"改革，成为引领了广东省其他县区乃至全国大部制改革的风潮，其改革成效也不容小觑。首先，新型的决策制度极大地提高了决策的民主性和科学性。机构改革后，所有全局性的重大决策权都集中由区联席会议行使，各部门首长直接参加决策，兼顾了决策的民主性和集中性。其次，相对独立、常规化、外部化的监督机制有力提升了监督的成效。机构改革后，顺德区纪委向各部门派驻纪检检查小组或专职监察人员，改变了以往"同体监督"的模式，显著提高了监督的成效。再次，扁平化的管理和执行机制显著提高了行政效率。机构改革后，顺德区各部门领导由区委区政府领导兼任，减少了办事协调的层次，极大地提高了执行力。经过这轮改革，顺德成功实现了决策权上移、执行权集中、监督权外移，形成了决策、执行、监督三类行政权力既相互制约又协调运作的良性运作机制。

此次机构改革精简程度堪称历史之最。通过大部门的建立使得政府部门间的职责职能得到整合优化，分散的行政资源得以集中配置，极大提高了政府的决策和办事效率[1]。然而这场既涉及横向机构整合，又涉及纵向权限调整的改革，触及了更深层次的职能转变和权责分配，也面临了更为错综复杂的问题和困难。

首先是行使权限的限制。随着改革的深入，顺德面临的压力越来越大。虽然省委省政府曾在《关于佛山市顺德区开展综合改革试验工作的批复》中概括性提出顺德区在经济、社会、文化等领域行使地级市的权限，但在实际操作中，顺德是否可以直接行使地级市权限依然有待明确。顺德在报送上级的改革汇报材料中也曾多次提及赋权授权问题，"对于省赋予顺德区行使地级市权

---

[1]　黄冬娅，陈川慜. 地方大部制改革运行成效跟踪调查——来自广东省佛山市顺德区的经验 [J]. 公共行政评论，2012，5 (6)：24-47+168-169.

限的性质问题，建议明确省赋予顺德区行使地级市的权限是一种授权，即我区可以直接用顺德区政府及其部门的名义作出各种应由地级市政府及其部门作出的行政行为"；"请省委、省政府协调省人大常委会出台有关决定或制定地方性法规，为顺德区机构改革和行使地级市管理权提供支持和保障"[1]。

其次是法律法规的滞后。大部制改革撤销并重新组建了一批行政部门，然而现行法律的滞后，使得新出现的部门出现执法主体缺乏法律依据的问题。以新成立的市场安全监管局为例，它由原工商行政管理局、质量技术监督局、安全生产监督管理局以及整合食品药品监督管理局、卫生局、文体广电新闻出版局、农业局、经济贸易局的有关职能而成，并由其行使以上八个部门的全部或部分职责。然而目前尚无法律法规赋予其相关的执法职权，使得执法人员处处受限，无法可依。

除了客观的制度环境限制之外，大部制改革本身还存在着职权职责划分不合理、内部协调困难、部门对接困难等运行难题[2]。在职责划分过程中，出现了将同一种职能划转到两个以上部门的情况，造成工作环节脱节，增加了工作摩擦。在工作对接过程中，出现了上级政府在顺德找不到对口下级部门的情况。在内部协调过程中，更是出现了顺德一个大部门可能要同时与市级两个以上部门进行对接的情况，增加了顺德一级政府部门的工

---

[1] 资料来源：《佛山市顺德区体制改革情况汇报》，2009 年 10 月；《顺德区体制改革工作情况汇报》，2010 年 3 月。

[2] 陈天祥，吴海燕. 中国地方大部制改革模式研究 [M]. 北京：社会科学文献出版社，2017.

作量。以市场安全监管局为例，为完成日常工作，往往需要对口15个上级部门。大部制改革的核心在于转变职能、向社会放权，但改革后，一个大部门承担的工作量是以往多个部门的分量，在人员编制没有随之增加的情况下，基层行政人员疲于奔命，高负荷工作难以为继。

尽管顺德的这次大胆尝试算不上是完美的试验，但顺德的此次探索却积攒了大量的实践经验，新一轮的行政管理体制改革正在酝酿。

新一轮行政管理体制改革的启动

（一）改革背景

2008年掀起的"大部制"改革风潮席卷全国，顺德"拿自己开刀"抢占改革"排头兵"，这既赋予了顺德无限的历史机遇和发展空间，也给顺德带来了颇为棘手的麻烦。"下改上不改"使得上下级部门间的对接出现了大问题，虽然顺德在改革中被赋予了一定的政策支持和权限，但自下而上的单打独斗注定无法突破自上而下的改革阻力。顺德大部制改革的结局并不算尽如人意，但却提供了富有启发意义的改革经验和教训。很快，顺德再次迎来了新的一轮改革机遇。

2018年，国务院第八轮机构改革正式启动。与以往"先试点、再推广"的改革模式不同，本轮改革主张自上而下层层推进。2018年3月，国务院机构改革方案公布。随后，海南、山东、福建、广东等31个省（区、市）机构改革方案陆续在年底前公布，市县机构改革也需要在 2019 年 3 月底前基本完成。此次机构改革呈现明显的"总体保持一致、上下对应贯通"的特征，"省市县各级涉及党中央集中统一领导和国家法制统一、政令统一、市场统一的机构职能基本对应"[1]。

2018 年 9 月，顺德被确定为率先建设广东省高质量发展体制机制改革创新实验区，广东省委省政府和佛山市委市政府在政策方面的强力支持，坚定了顺德深化改革的决心。2019 年 1 月 28 日，在经过多轮审核修改后，广东省委正式批准了《佛山市顺德区机构改革方案》，领先于佛山市其他四区（见表 2-2）。1 月 31 日，顺德召开全会对机构改革工作进行动员部署和推动落实。3 月 6 日，顺德区一级的涉改部门一把手已配备完成，领导班子和副职也在一周内基本到位。3 月 11 日，全区所有的涉改部门完成挂牌组建并以新部门名义开始运作[2]。

表 2-2　佛山市各区 2019 年机构改革方案[3]

	佛山市	禅城区	南海区	顺德区	高明区	三水区
出台时间	1 月 15 日	2 月 11 日	2 月 18 日	1 月 28 日	2 月 18 日	2 月 18 日
党政机构	49 个	29 个	29 个	28 个	29 个	29 个
党委机构	16 个	9 个	8 个	8 个	9 个	9 个
政府部门	33 个	20 个	21 个	20 个	20 个	20 个

与前两次自我摸索、大胆试验的改革背景不同，此次顺德的机构改革方案是在严格对应中央和省级、市级机构改革的基础

---

[1]　资料来源：《2018 年党和国家机构改革方案》。

[2]　资料来源：《2019 年佛山市顺德区机构改革工作汇报》。

　[3]　资料来源：《2019 年佛山各区向社会公开公布的机构改革方案》。

上，对相应机构和职能进行了调整优化，同时因地适宜设置组建了新的机构。总体而言，无论是改革内容还是改革方案，相较于2009年的大部制改革，顺德本轮机构改革更加呈现出稳扎稳打、积极有序的局面。

（二）改革行动

本轮机构改革以推进机构职能优化协同高效为着力点，通过改革机构设置、优化职能配置，从而实现提高行政效率效能和构建系统完备、科学规范、运行高效的机构职能体系目标，为顺德高质量发展提供稳固的体制机制保障。

1. 改革内容

顺德的本轮机构改革需要实现三大目标：一是在对应中央和省级机构改革基础上调整优化区级党政机构和职能，加强区委的领导作用和管理职能；二是因地制宜设置适合本地区经济社会发展的相应机构，在加强上级统一管理的同时保持地方灵活性；三是在机构改革基础上统筹推进其他各项改革，包括深化区级人大、政协机构改革和群团组织改革、事业单位改革、综合行政执法改革、基层政权建设和审批服务便民化改革，以及强化机构编制管理刚性约束。

为了实现上述目标，顺德改革要在四个具体方面有所突破。

一要加强完善党的全面领导体制机制。政治主题贯穿了本轮机构改革全过程，党中央的决策部署和省委市委的要求要不折不扣落实到位，实现党政主要机构设置及其职能与上级基本对应，同时要强化区党委对全区党政机构领导。这有赖于四个举动和两个维度的努力。四个举动是指：①加强优化议事协调机构；②组建优化有关区委工作机关，健全和优化区委对重大工作的领导体制机制，包括组建区监察委员会、区委审计委员会、区委教育工作领导小组，改建区委全面深化改革委员会、区委全面依法治区委员会等机构；③加强区委职能部门的统一归口协调管理职能，强化办公室、组织、宣传、统战等党委部门对相关领域的统一归口协调管理能力；④优化党政机构布局和运行机制。两个维度是指：①在"三定"方案中明确规定"贯彻落实党委关于相关领域工作的方针政策和决策部署"应放在主要职责首位；②明确党委议事协调机构设在部门内部并根据工作需要由党委议事协调机构统筹安排工作任务。

二要建立协同高效的机构职能体系。首先，坚持上下基本对应，明确对口上级部门。实现对市 49 个、省 59 个党政部门全部职能的全覆盖，构建上下贯通、运行顺畅、充满活力、令行禁止的工作体系。比如按照上级要求，组建卫生健康局、退役军人事务局、应急管理局，落实自然资源分局、生态环境分局、医疗保障分局的设置。其次，明细部门的职责关系，进一步理顺职责交叉问题，将涉改部门需划转的职能落实到位，做到一类事项原则上由一个部门统筹、一件事情原则上由一个部门负责，优化部门职能配置，加强部门间的履职协同。比如将原有的区社会治安综合治理委员会及其办公室、区委维护稳定工作领导小组及其办公室，以及区委防范和处理邪教问题领导小组及其办公室职责分别交由区政法委员会和区公安局承担。最后，清理事业单位承担的行政职能，将行政职能回归机关。

三要进一步理顺政府和市场的关系。合理界定政府职能，保障市场在资源配置中发挥决定性作用，破除高质量发展的体制机制障碍。

四要实现改革与法治的双轮驱动。坚持在法治下推进改革、在改革中完善法治。首先是要依法完善党和国家机构职能，要求各级各部门根据法律法规来制定"三定"规定，提高规定的科学性和合法性；其次是通过组建区全面依法治区委员会，负责全面依法治区的总体布局、统筹协调、整体推进、督促落实，并由整合司法、法制职责重新组建的司法局来统筹行政立法、执法和法律事务管理等工作，推动政府工作纳入法制化轨道；最后是要贯彻落实机构编制法定化要求，严格执行机构限额、领导职数、编制种类等规定，进一步规范合署办公机构、挂牌机构、议事协调机构、临时机构和派出机构设置。

2. 改革过程

从改革过程来看，顺德本轮改革可以称得上是稳扎稳打、紧凑有序。在 2018 年 2 月的十九届三中全会召开后，顺德就开始着手研究机构改革工作。顺德先后组织 4 个调研组走访了全区 23 个单位，摸清了顺德编制职数的现状，充分听取各方对优化职能配置、理顺职责分工的意见，并对收集到的建议逐一建立归类梳理。在调研基础之上，顺德根据中央和省改革方案的职能体系设计，结合高质量发展的实际要求，对部门设置方案进行了二次调整。此外，顺德还积极组织工作组赴江阴、昆山等地考察改革经验，同时在认真审核研判各部门事权划分方案基础上，结合镇街意见提出区镇事权初步划分清单，并以此作为草拟改革方案的基本依据。

在机构改革初步方案形成后，顺德主动向省、市和其他区咨询联系，确保改革方向完全契合上级要求，也能与全市步调保持一致。顺德在摸清底数基础上，遵循中央和省市精神，结合顺德改革发展实际，统筹设置党政机构职能体系，按照要求顺利完成了方案的草拟、报批等工作。

在得到上级认可后，顺德发布了《区级机构改革组织实施工作方案》，以明确组织架构和职责分工，建立协调机制和原则，分类分步有序推进。根据文件，区委深化机构改革工作领导小组及办公室负责统一指导协调督促机构改革实施工作，这些小组包括综合协调组、体制和机构改革组、干部人事组、资金资产组和监督检查组。接着，以分管区领导牵头负责相关领域和督导相关领域机构改革实施工作，然后区直各涉改部门具体负责本部门改革实施工作。在协调机制和原则方面，建立三级协调机制，第一层级是分管区领导协调所辖部门的意见分歧，如若仍有分歧，则上升到领导小组办公室协调意见分歧，若分歧仍未解决，则是领导小组决策。

为了确保工作顺利完成，区委深化机构改革工作领导小组办公室会召开了区委全会，明确部门党组织负责人和领导班子，职能部门出台相关配套文件并与涉改部门衔接，涉改部门完成转隶组建工作，印发部门三定规定和部门所属事业单位调整，完成有关议事协调机构设立调整工作和完成其他组织实施工作。

此外，顺德区还编制了《顺德区区级机构改革文件资料汇编》资料，收录顺德区本次机构改革的多份文件，涉及顺德区机构改革的文件收发印章使用及衔牌悬挂工作、思想政治工作、机构改革转隶工作、离退休人员归属交接工作、国有资产管理工作、经费划拨工作和档案工作等。这些文件都贯穿 2019 年顺德区机构改革的各方面，部署顺德区机构改革的工作细节，其中负责部门、工作条例、指导要求和程序步骤一应俱全。

顺德在获批后的两个月内全力推进改革进程，实现了机构挂牌组建、职能职责界定、部门关系理顺、人员转隶、"三定"规定审核等"五个基本到位"。2019 年 3 月底，顺德新一轮机构改革基本完成，既落实了上级的规定动作，又大胆创新做好了自选动作。在机构设置方面，设置 28 个区级党政机构（见图 2 - 5），

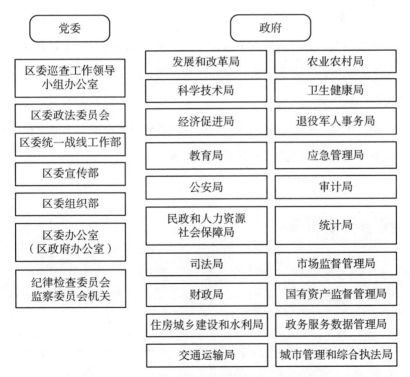

图 2 - 5 2019 年顺德机构改革党政部门设置图

调整设置 267 个内设机构；在职能配置方面，实现上下基本对应的同时将涉改部门需划转的 71 项职能全部落实到位；在人员编制方面，党政机构编制相比改革前总体减少 73 名，向镇街下沉 41 名编制；在领导职数方面，共配置正科职 104 名，副科职 538 名；在人员转隶方面，全区共转隶 605 人；在党的建设方面，新设立 18 个、撤销 17 个，保留 20 个党组（含党组性质的党委）。总体而言，本轮机构改革实现了机构设置和职能配置上下贯通、执行有力，破除了高质量发展的体制机制障碍，贯彻落实了以人民为中心的发展思想，催生了顺德的新气象和新风貌。

目前，顺德机构改革工作已取得了阶段性成果，并开启了下一阶段的努力巩固成果阶段。下一步，顺德还将持续完善党政机构职能体系，适时开展改革效能评估，深入涉改部门摸查其是否按照要求持续完善党政机构职能体系。同时还将继续推进各个职能部门转职责、转方式、转作风，充分发挥服务群众需求的功能作用。在此基础上，继续深化镇街行政管理体制改革和事业单位改革，理顺职责关系，充分激发多主体活力。

经济体制改革

产权制度改革

顺德行政管理体制改革轰轰烈烈，后续推进的企业产权制度改革同样也是重头戏。纵览顺德改革历程，无不是行政体制改革和经济体制改革的配套推进。行政管理领域改革的顺利推进已为经济领域开启改革打下坚实基础。

1993 年下半年开始，在行政管理体制改革初见成效后，为了探索市场经济条件下公有制的实现形式，顺德在市、镇两级公有企业中（涉及工业企业、商业企业、外贸企业、建筑企业和农业企业等多个行业领域）开展了以理顺产权关系为核心的企业改革。顺德素以公有企业发展基础雄厚闻名，产权制度改革必然要对本土公有企业牵筋动骨，改革难度之大、范围之广可想而知。

为了保证改革顺利进行，顺德在充分调研基础上，制定出各项政策，逐步推进。首先是加强组织领导，按照部署将企业改革作为顺德的中心工作，由一把手亲自负责。成立市、镇两级企业转换经营机制领导小组加强对改革的整体领导，经济部门成立领导小组主持经济系统内的企业转制工作，金融、财税、劳动人事、审计监察等有关部门要根据各自职能研究配套改革措施。在统一思想认识后，其次是制定相应政策保证改革沿着正确轨道推进。1993 年，顺德下发《关于转换机制、发展混合型经济的试行办法》，对改革企业产权制度提出了 28 条意见，随后又先后制定并出台了《关于企业资产评估暂行办法》《社会养老保险暂行规定》《社会统筹住院医疗保险暂行规定》《关于转换企业经营机制若干问题的补充规定》等配套文件。1995 年，顺德进一步提出完善企业转换机制工作的 40 条规定，推动企业改革逐步走向规范化。

从改革的具体内容来看，顺德的产权制度改革按照以下三个步骤进行。

第一步，进行资产评估和产权界定。组织专业人员对所有公有企业资产进行全面清理，摸清企业资产情况，再委托具有法律效力的中介机构对企业进行资产评估。在清产核资、资产评估的基础上，界定产权关系，明确产权归属，按照"谁投资，谁所有，谁受益，谁负责"的原则，把公有企业的产权界定为国有产权、地方政府产权及职工产权。

第二步，根据企业实际选择适合的形式转换经营机制。在第一步基础上，顺德按照优化产业结构和产权结构、盘活资产存量的要求，按照"抓住一批，放开一批，发展一批"的思路，为企业选择适应的经营方式，确定转制的形式和产权的重组。在具体操作层面，企业的经营方式可以分为政府独资或控股经营企业、由企业全体或大部分员工持股的股份合作制企业、由原经营者合伙（包括少数职工）经营或公开拍卖给社会投资者经营的合伙制企业、政府只参股不控股这四种形式。对于基础设施企业、带有垄断专营行业性质的企业和高新技术行业，经济效益好的骨干企业仍然由政府独资经营，在此类企业中已经是股份企业或需要引入资金、技术、市场而需要进行资产重组的，可以把一部分产权转让出去，但政府仍然保持控股地位。对于一般竞争性行业，比如原市属地方国有企业或规模较大的集体企业则大多转制为股份合作制企业。合作制企业适合那些规模较小的企业或长期亏损的企业。

第三步，企业转制后，既要加强公有资产的管理，又要避免再次陷入政企不分的困境，此时现代企业制度的建立就成了重中之重。为此，顺德设计和实施了三级管理的模式：第一级模式是市、镇政府分别成立公有资产管理委员会，作为政府领导下专司公有资产管理的职能部门，负责市、镇公有资产的宏观管理和监督。第二级模式是根据公有资产状况和经济发展需要设立资产管理经营公司，由公有资产委员会授权对公有资产进行运作和管理，具有法人资格，其职能是投资、管理、监督和服务，通过公有资产的运营实现保值增值。第三级模式是公有的独资企业、控股企业和参股企业，它们通过自主经营、自负盈亏、照章纳税并保证公有资产的安全、保值和增值。此外，顺德严格按照现代企业模式组建公司企业，凡股份制或合资合作企业都必须建立股东会、董事会、监事会，形成相互独立、权责分明、相互制约的关系。

顺德产权制度改革的主要内容是在对企业进行清产核资、资产评估、界定产权的基础上，转换企业经营机制。其改革目的在于调整公有资产结构，落实企业法人制度，建立现代企业组织制度、管理制度。到1995年底，原市、镇两级1001家企业中，政府独资经营企业只有94家。两级企业的总资产，公有资产的比重由90％降至62.4％，外商及民间资本比重上升至37.6％。企业转制盘活了存量资产，清理和处理了不良资产，促进了企业产权的合理流动和重组，优化了公有资产的配置。虽然公有资产的比重下降，但资产质量和企业活力得到了提升，公有企业负重运作的情况大为改观。同时，外资和民间资本的进入使得新的经济增长点逐步形成，打破了原有过分依赖公有制和单一产业结构的发展模式，民营经济蓬勃发展、外商投资出现新的热潮。1996年，顺德工农业总产值达到471.13亿元，与改革前的1992年相比，增长了169％。其中，工业总产值445.88亿元，比1992年增长175.8％；国内生产总值160.37亿元，比1992年增长

171%；全部财政收入 21.02 亿元，比 1992 年增长 227%；年末城乡居民储蓄余额 244.96 亿元，比 1992 年增长 275%。

顺德以企业产权制度改革为突破口，大力调整和完善所有制结构，发展混合所有制企业，创新了公有制的多种形式。重点突破、综合配套、全面推进，对旧体制进行了全面改革，最终初步建立起社会主义市场经济体制，形成了以公有制为主体、多种所有制经济共同发展的竞争格局。建立起产权清晰、权责明确、政企分开、管理科学的现代企业制度，形成了独立自主的决策机制、面向市场的经营机制、自我监控的约束机制、自我发展的行为机制。实现政企分开、政资分离，建立了公有资产管理委员会、资产经营公司、企业三层架构的公有资产管理、监督和营运体系，使政府社会管理职能与资产所有职能分开、资产管理职能与资产经营职能分开、企业出资者所有权与企业法人财产权分开，为公有资产的保值和增值提供了条件。企业产权制度改革成效明显，为顺德经济社会的发展再次注入新的驱动力，经济增长方式开始转变。公有控股的大型企业集团活力增强，科龙、美的、格兰仕逐渐成为享誉国内外的骨干企业，成为顺德经济的主要支柱。

商事登记制度改革

2012 年 4 月，为配合深化行政审批改革，顺德正式启动商事制度改革，并将其作为全区的重点工作来推进。为此，顺德先后下发《顺德区商事登记制度改革实施方案》和《顺德区商事登记制度改革实施办法》，充分做好改革的前期准备。2012年5月1日，顺德在区登记注册窗口对有限公司正式试行商事登记，商事登记制度改革正式从方案走向现实。

除了做好登记注册窗口的试行，顺德商事登记制度改革的主要内容还体现在对后续监管机制的探索与建立。一是按照"谁许可审批、谁监管"的原则，将监管中心从前置审批向后续监管转变；二是加大对重点对象和热点问题的监管力度；三是建立区负责联合执法和大案要案执法、镇街主要承担日常巡查执法的执法机制；四是创新市场监管方式，配合商事登记制度改革，充分探索食品安全监管新模式；五是加快建设完善电子审批大厅、一体化审批系统、并联系统及信用信息公示平台，做好后续监管的技术保障。

总体而言，顺德商事登记制度改革实行商事主体资格和经营资格相对分离，将营业执照简化为商事主体资格凭证，降低了投资风险和成本，充分激发了社会投资创业的热情。此外，商事登记制度改革实行注册资本认缴制，允许"零首期"注册，同时放宽了住所和经营场所的登记条件，大幅减少了企业注册成本，降低准入门槛。据统计，改革前每月在区登记注册窗口申请新设立的公司约26家，而改革后在一个月内申请设立的公司就达到了181家[1]。

2014年，顺德发布《顺德区企业经营行业监管分工目录》，用清单模式明确监管事项及职责部门。不久后，顺德发布全国首

---

[1]　资料来源：《2012年顺德商事登记制度改革情况汇报》。

个综合性产业指导目录——《顺德区企业投资经营指导目录汇编》。两年间，顺德的商事登记制度改革基本实现了从"宽准入"到"严监管"的探索，受到上级的充分认可和肯定[1]。

综合配套改革

1992 年顺德综合改革

1992 年 3 月，顺德撤县建市。凭借广东省县级综合改革试验市的优势，顺德开始全面推动辖区内经济和社会各项事业的改革发展。

这场综合改革历经两个阶段。第一阶段从 1992 年开始到 1994 年基本完成，是改革全面展开和推进阶段。在这一阶段，顺德在完成了初步酝酿、统一了改革思路、进行了改革试点后，于 1993 年下半年开始同步推进企业改革与农村体制改革和社会保障制度改革，并在一年后基本完成改革任务。从 1995 年开始，顺德综合改革进入了第二阶段，也是改革的巩固和完善阶段。在这一阶段，顺德通过制度化和规范化建设，促使新体制走上正常运转的轨道。

这场综合配套改革以行政管理体制改革为先导，以企业产权制度改革为关键，按照"重点突破、全面配套、整体推进、互相

---

[1] 资料来源：《2019 年顺德区商事登记制度改革与企业投资建设项目改革情况汇报》。

促进"[1]的要求进行。行政管理体制改革和企业产权制度改革重点解决了政企不分、角色错位的问题，初步建立起一个廉洁有效的行政体系。在此基础上，综合配套改革将重点放在了农村生产关系的调整和社会保障制度的建立健全上。

针对顺德原有农村区域建制和管理体制不适应农村经济发展和城乡一体化需要的问题，顺德从1993年下半年开始全面铺开了农村管理体制改革。改革的内容主要有三个方面：一是改革农村基层建制，调整优化农村基层行政和经济组织的设置。取消以生产队为单位设置村委会和经济社的建制，以管理区为单位组建村委会和经济社。二是推行股份合作制，组建农村股份合作社。将原来生产队的财产作价折股进入股份合作社，股份分为集体股和社员股，规定不同股份所占比例，明确股东的权利义务。三是完善土地承包制。对土地承包实行"三改"[2]，即改长期承包为短期承包，改分包为投包，改分散承包为连片承包，在确保农民土地承包权益的基础上引导土地经营权合理流转。

与此同时，顺德努力推进社会保障制度改革。在辖区范围内推行养老保险、医疗保险和工伤保险，养老保险由社会共济和个人储蓄相结合，医疗保险分为门诊包干和住院医疗保险，工伤保险由用人单位支付。实施住房制度改革，停止公款建房和无偿分房，改为每月发放住房津贴。实行最低收入保护线，对农村月人平均收入不足150元、城镇月人平均收入不足200元的贫困户，

---

[1] 资料来源：《2020年顺德市综合改革和经济社会发展情况汇报》。
[2] 资料来源：《1996年县级综合改革试点工作座谈会上的汇报材料》。

每人每月补足至最低生活保障线。此外，顺德还大力发展教育、医疗、卫生、治安等各项社会事业，促进了社会的全面发展和进步，适应了市场经济发展和城乡一体化的需要，有助于改革建立的新体制持续运转。

2009 年顺德综合改革

2009 年顺德大部制改革声势浩大，带动了顺德一系列综合改革试验。以大部制改革为核心，以行政体制改革、社会体制改革和基层治理改革为重点，以中国特色社会主义市场经济为方向成了顺德 2009 年掀起一系列改革的主要任务。在大部制改革得以突破后，顺德立即推进社会体制改革和基层治理改革，以激发社会活力为切入点，努力构建协同善治的新格局。

一方面，拓宽社会参与平台，培育多元社会治理主体。扶持社会组织发展，培育、挖掘社会组织和公益创新项目，对社会组织活动提供场地和技术支持。强化群团组织的枢纽功能，培育、孵化、联系、服务更多社会组织。积极发展社会企业，以商业模式解决社会问题，推动社会组织承接部分政府职能。大力发展决策咨询工作，调动社会智慧和资源参与公共事务。全面引入公众参与，做到覆盖决策、执行、监督整个链条。

另一方面，完善社会服务体系建设，提升公共服务水平。深化教育体制改革，引入社会力量参与学校管理。推动基层医疗卫生改革，实现卫生服务覆盖全区 90％以上社区，医保目录内药品实现社保 100％报销。扶持养老事业发展，对非营利性养老机构新建、扩建或改建新增床位进行补贴，对入住的本地户籍老人进行补贴，提高新农保基础养老金和完全被征土地农民老年生活津贴。加大基层基础设施建设投入，实施农村供水设施改造和水质监测工程，努力改善农村环境。

更重要的是，优化基层治理结构，实行党领导下的政社协同善治。理顺基层治理模式，明确村（社区）党支部、行政服务站、村（居）委会和集体经济组织之间的职责定位，以党组织统筹一室（党代表工作室）一站（行政服务站）一会（监事理事会）为抓手推进村（社区）建设，构建党领导下的社区治理格局。以247个党代表工作室为基层党务核心履职平台，建立起"两代表一委员"联系社区、倾听民意制度；建立201个行政服务站，作为政府延伸到村（社区）的管理服务平台，承担部分行政审批事项；以议事监事会作为社区事务在咨询和监督机构，让村级党组织联动社区企事业单位、社会组织和社会精英共谋社区大事、监督社区事务。

顺德综合改革以行政体制改革为先导，以市场化改革为重点，以社会体制改革和基层治理改革为基础，坚持破除区域发展瓶颈，推动顺德进入高质量发展的阶段。

小结

顺德之所以取得如此成果，核心内涵是始终将转变政府角色放在第一位[1]。可以说，顺德致力于深化政府机构改革、转变政府职能、理顺政企社关系是提升政府治理能力、助力顺德走向成功的关键。

回顾顺德历次改革背景可以发现，改革的内在动力都在于化解顺德经济社会发展面临的困境。1992 年，以集体企业为主导的经济发展模式使得政府负债规模扩大、通货膨胀严重，企业依附于政府的干预和管理，导致自主性和积极性的消退。政府、市场之间的矛盾日益突出。2009 年，在先前改革的基础上，政府的机构设置依然无法完全适应市场经济发展的要求，还在管管不好、不该管的事，没有足够保障市场在资源配置中发挥的有效作用，未能发挥利用公民和社会组织在社会事务管理中的作用。政府、市场、社会的关系亟待理顺。2019 年的改革更加注重政府职能的科学界定，着力发挥市场在资源配置中的决定性作用，努力破除顺德高质量发展的体制机制障碍，更好地发挥政府作用，建立政府、市场和社会的良好互动关系。市场经济的成熟完善和社会全面发展的要求都为顺德改革提供了持续的动力引擎，而恰逢其时的外部催化也是顺德改革先行一步的重要支撑。

1992 年 1 月，邓小平南行途经顺德对其经济发展模式给予肯定，随后顺德撤县设市，为后续改革的"放开拳脚"提供了权限和政策支持。2009 年改革前，顺德虽失去了地级市的地位待遇，但很快作为唯一的县级单位与广州、深圳、珠海、汕头、湛

---

[1] 陈春花等. 顺德 40 年：一个中国改革开放的县域发展样板 [M]. 北京：机械工业出版社，2018：44.

江一起被列为广东省行政体制改革试点，共同进行大部制改革的探索。紧接着，为了支持顺德深化改革，广东省委省政府批复同意赋予顺德在经济、社会、文化等方面一定的地级市管理权限，打破了体制机制的天花板壁垒，扩大了顺德的改革发展空间。2019年机构改革推行前，顺德又被确定为广东高质量发展试点和体制机制创新试点，省委市委的大力支持都为顺德增添了"大胆试、大胆闯"的改革信心。顺德改革看似"单兵突进"，但绝不是"孤立无援"。顺德在改革中显现的"壮士断腕"的决心除了来自顺德经济发展转型的内在要求，上级政府的支持和鼓励也尤为重要。

顺德坚定不移的改革步伐和大胆探索的改革精神助力其不断释放经济社会发展能量，推动顺德成为县域治理发展的标杆。回顾顺德的改革进程，以大部制为核心的行政体制改革和以产权制度为核心的市场化改革交织在一起共同推进。一方面，以行政体制改革为先导，打造"小政府、强政府"。以大部制改革和简政强镇事权改革为切入点，深入推动行政审批制度改革，重组党政组织架构、重构权力运行机制、着力转变政府职能，构建法治化、国际化的营商环境。另一方面，以市场化改革为重点，增强发展动力，营造"好市场、活市场"。完善政府对经济调节的方法手段，着力提升经济发展质量、促进经济结构调整和发展方式转变，推动区域经济进入快速、健康、协调、可持续发展的良性轨道。除此之外，顺德还着力配套社会体制改革和基层治理改革，建设"大社会、好社会"。拓宽社会参与平台，凝聚社会精英力量，带动公众参与，提升社会活力，改善公共服务，促进政社协同共治。通过一场场系统性、整体性、协同性的改革，顺德推动了经济社会综合转型，为全省、全国各县区的改革探索提供了丰富的实践经验。

第三章

顺德党政治理主体建设

本章作者：杜丹丹、汤献亮、黄伟民、陈那波

◇　◇　◇

　　加强党政治理主体建设是加强基层治理体系和治理能力现代化建设的题中之义。良好的党政机构设置与人事体系设计，承担着为基层政府部门搭建组织框架、合理配置人力资源、提高内外部绩效的重要任务。

　　八次问鼎全国百强区的顺德，其党政治理主体形成了职能明确、层级分明的组织特征，在党建工作精细化、绩效考核针对化、人才进出稳定化等方面有突出表现，既有高光亮点也存在部分问题。我们将基于 2019 年 7 月中旬至 8 月下旬研究团队在顺德区委组织部的实地调研经历，结合有关的组织人事资料，介绍社会经济高速发展下的顺德区党政机构设置和人事管理情况。

顺德党政治理主体基本情况

　　顺德高速发展的经济活动和社会活动亟须强有力的政府部门来提供有效的公共服务和管理。2018 年顺德 GDP 高达 3 163.93 亿元，工业产值为 1 767.85 亿元，并拥有碧桂园和美的两大世界 500 强企业和其他知名品牌，党政机构的设置需要跟上经济社会的发展需要，两相配套。

精简高效的党政机关设置

顺德共有 22 个区属党政机关单位、10 个镇街、2 个市垂直管理单位、5 个区属事业单位和 4 个人民团体（见表 3-1）。区属党政机关单位和镇街之间遵循属地管理原则，纵向上呈现隶属关系。横向上，区委区政府办公室对其他区委部门具有管理和协调职责，区政协办和区人大办致力于建立协商机制，区人民法院和区检察院作为司法机关，依法行使侦察、监察、审判和监管的职能，其他业务管理部门分别分管区域内的教育、经济、社会治安等业务。

表 3-1 顺德区的党政机关结构和部分编制情况[1]

机构名称	编制信息
区委区政府办公室、区人大办、区政协办、区委组织部	具体数据未公开
区司法局	行政编制 12 名，政法专项编制 22 名。其中局长 1 名，副局长 3 名，律师党委专职书记 1 名（副科级），正股级领导职数 10 名（含机关党委专职副书记 1 名，区委依法治区办秘书科科长 1 名），副股级领导职数 5 名
区教育局	行政编制 29 名。其中局长 1 名，副局长 3 名，正股级领导职数 8 名（含机关党委专职副书记 1 名），副股级领导职数 6 名
区财政局	行政编制 55 名，行政执法专项编制 3 名。其中局长 1 名，副局长 3 名，正股级领导职数 12 名（含机关党委专职副书记 1 名，总会计师 1 名），副股级领导职数 11 名

---

[1] 资料来源：《2018 年佛山市顺德区各部门三定方案》。该方案为正式发布前修改稿，部分党政机构编制数据未公开。

（续表）

机构名称	编制信息
区卫生健康局	行政编制51名，行政执法专项编制9名。其中局长1名，副局长3名，正股级领导职数12名（含机关党委专职副书记1名），副股级领导职数13名（含计生协会秘书长1名）
区审计局	行政编制32名，行政执法专项编制8名。其中局长1名，副局长3名，总审计师1名，正股级领导职数9名，副股级领导职数7名
区农业农村局	行政编制39名，行政执法专项编制6名。其中局长1名，副局长3名，区委农村和社区工作办公室常务副主任1名（正科级），区扶贫开发办公室专职副主任1名（副科职），正股级领导职数9名（含机关党委专职副书记1名），副股级领导职数8名
区国有资产监督管理局	行政编制13名。其中局长1名，副局长2名，党委专职副书记1名（副科级），股级领导职数5名

注：区住房城乡建设和水利局、区委宣传部（区文化广电旅游体育局）、区经济促进局、区公安局、区市场监督管理局、区应急管理局、区人民法院、区检察院、区民政和人力资源社会保障局、区发展规划和改革局、区委统一战线工作部的具体编制数据未公开。

市垂直管理部门	
市生态环境局顺德分局	市自然资源局顺德分局

区属事业单位	
区社会保险基金管理局	顺德高新区管委会
区代建项目中心	区行政服务中心
档案馆	

各镇街道	
大良街道办事处	勒流街道办事处
容桂街道办事处	伦教街道办事处
北滘镇政府	陈村镇政府
龙江镇政府	乐从镇政府
均安镇政府	杏坛镇政府
"两德"合作区	

人民团体	
区工商联	区总工会
区妇联	区团委

如前章所述，顺德经历多轮党政机构改革，机构设置有明显变化。1992 年顺德行政机构改革后，行政管理机构由原来的 56 个减少至 29 个[1]，到 2009 年大部制改革后，党政机构又进一步精简为 16 个[2]。在 2019 年深化地方机构改革中，顺应上级政府安排设置，区属部门数量重新上浮至 22 个，在总体精简机构的大趋势下，顺德区政府积极开拓事业单位和非政府组织的力量，将 5 个区属事业单位和 4 个人民团体也纳入党政机构版图中，培育社会治理主体。

同时，顺德区政府还与非政府组织建立了紧密的合作关系。例如，区民政和人社局、区委组织部借助顺德区人力资源协会力量招聘政府雇员和劳务派遣人员，并对人员进行培训。由于人力资源协会拥有完善的人才简历库、人才招聘渠道和培训体系，能高效率地为顺德区政府匹配所需人才，发挥了非政府组织的关键作用。

在某种意义上，顺德区形成了"以政府为中心，以事业单位为辅助，以非政府组织为外延"的结构，虽然非政府组织在本质上不属于公共部门范畴，但其在顺德区的基层治理结构中不可或缺。在经济体量日益庞大、社会活动日益复杂和活跃的背景下，顺德区政府积极向社会借力，形成了共建共治的新格局。

---

[1]　徐南铁. 大道苍茫：顺德产权改革解读报告［M］. 广东人民出版社，2002：67.

[2]　资料来源：《2009 年佛山市顺德区党政机构改革方案》。

张弛有度的人员任用机制

机构精简，人员变少，但顺德区域内的治理事务有增无减，"人少事多"困境尤为突出。在现实治理负荷和"财政供养的人员只减不增"要求下[1]，顺德相较于一般区县面临着更大的治理挑战。

2017年的数据显示，除公检法部门之外，顺德区共有公务员3679人，其中区属单位2309人、镇街1370人（见表3-2）。

表3-2　2017年顺德区政府工作人员结构[2]

项目		公务员	雇员		
			总人数	区属机关人数	镇街人数
年龄	30岁及以下	412	1537	526	1011
	31～40岁	1410	2077	591	1486
	41～50岁	1318	1085	160	925
	51～60岁	539	420	23	397
性别	男	2527	3367	732	2635
	女	1152	1798	603	1195
学历	中专及以下	64	1613	172	1441
	大专	295	1290	405	885
	本科	3012	2150	724	1426
	研究生	308	64	29	35
层级	区属单位	2309	1335	—	—
	镇街	1370	3830	—	—
	总数	3679	5165	—	—

---

[1]　2013年3月17日，李克强总理在十二届全国人大一次会议上提出："本届政府内，一是政府性的楼堂馆所一律不得新建；二是财政供养的人员只减不增；三是公费接待、公费出国、公费购车只减不增。"

[2]　资料来源：根据内部统计材料制作。

为应对繁重的治理任务，顺德区政府采用了一种极具调适性的人员任用机制——以公务员制度为主，辅以内部调配和雇员制度。

内部调配表现为公务人员在部门间、上下级单位间流动，主要方式包括选调、商调、借调等。以借调为例，在 2019 年 7—8 月，区府办某科室就向镇街派出所长期借调负责政工宣传的警务人员，并且形成了每半年轮换一人的惯例。借调属于一种临时的方式，人员流动但编制未流动，仍然使用原单位的编制员额。由于编制本身无法交流，借调是一种短期的人员流动机制，借调期满之后被借调人员一般会回到原单位。因此，借调等方式主要用于党政机关内部暂时性调配公务人员，在医院和学校等事业单位则相对较少运用调配方法。

雇员则是运用市场的力量，以合同方式从社会上雇用符合条件的人员。这些人员行使一定的行政权力和提供服务，但不占用政府公务员编制。

顺德区招聘政府雇员的历史已有多年。早在 2004 年佛山市就制定了《佛山市政府聘用人员试行办法》，规定全市机关单位可在核定的编制空编员额内，以合同形式聘用不担任行政职务、不行使行政权力、从事技术性或辅助性工作的人员。2012 年顺德区依据《劳动合同法》，在原有"政府聘员"制的基础上，进一步制定了《顺德区政府雇用人员管理暂行办法》（以下简称《暂行办法》），将区属机关"政府聘员"转为"政府雇员"。该《暂行办法》作为顺德区政府雇员管理工作的依据一直沿用至今。

政府雇员主要通过考试的方式招录，另外也可以定向招录、直接选聘。区一级机关普通政府雇员招录，首先由用人单位拟定招考方案，再报组织部核准，一年统一招聘两次；高级政府雇员招录由用人单位拟定招考方案报组织部与区政府核定审批，与组织部共同组织实施。高级雇员采用"一人一策"的方式，根据用人单位实际需求而定，并采用协议工资制或年薪制等较为灵活的薪酬方式。镇街的政府雇员招录由镇街单独组织实施。在《暂行办法》中还有针对特殊人才招聘的规定，经区委组织部批准后可以定向招考或直接选聘的方式招录。在招聘政府雇员过程中，顺德区用人单位有较高的话语权，各单位可以在招聘中实现"精准招聘"，招聘合意的人选。虽然各单位招聘政府雇员亦要受到员额数量的限制，但是员额较容易调整，主要与单位行政经费挂钩，相较于公务员来说，数量约束较弱。

2017年数据显示，顺德共有政府雇员5 165人，其中区属单位1 335人、镇街3 830人（见表3-2）。区属机关雇员依次排序为社会管理部门560人（41.95%）、综合行政部门282人（21.12%）、公共服务部门249人（18.65%）、经济管理部门244人（18.28%）。在所有区级单位中，公安局雇员数最多，为425人（31.84%），其次是区人社局和区人民法院，分别为230人（17.23%）和119人（8.91%）。

镇街机关雇员依次排序为经济管理部门2 020人（52.74%）、社会管理部门961人（25.09%）、综合行政部门571人（14.91%）和公共服务部门278人（7.62%）。在所有镇街部门中，区国土城建和水利局的政府雇员最多，为1 102人

（28.77%），其次是城管分局和市场监督管理局，分别为 539 人（14.07%）和 446 人（11.64%）。

雇员整体占政府工作人员比重较大，已远超正式公务员数量。政府雇员的加入改变了政府人员结构分布，并起到了优化作用。与正式公务员相比，雇员队伍年龄结构更为年轻化；在层级分布上，镇街政府雇员远多于区属机关单位，这与公务员"倒金字塔"型结构分布截然相反，镇街人员结构也得到动态调整。

内部调配和雇员制度为基层政府提供了一种灵活的治理工具。由于编制具有相当的刚性约束，而经济发达县区治理环境复杂性高，编制员额因此难以满足实际需求。内部调配和雇员制有效缓和了有限编制与治理规模大、治理目标多、治理任务变化频繁之间的矛盾。

但以雇员制度为例，这种灵活治理工具仍存在部分缺陷有待解决。一是公务员与政府雇员界限分明，作为编制之外的政府雇员难以与公务员体系有效衔接，缺乏相应的晋升渠道。

聘员（政府雇员）承担了大部分的业务，如果不给他们晋升的空间就没有积极性，另外，这部分人本身薪酬提高、职务晋升和公务员差不多，但是聘员（政府雇员）那边竞争比较强烈，有能力就流出来……我们的管理方法和区里面不一样，我们就一类人没有分两类，以前聘员（政府雇员）可以升副职、副局长、副主任等，还有竞争的空间。但现在每个镇街都说不能晋升了，积极性又下降了。涉及混岗问题，聘员（政府雇员）按照上级的口径，聘员（政府雇员）不能担任公务员的职务，但之前因为大部制的原因，有一批聘员（政府雇员）担任了副职。[1]

为了解决政府雇员职位晋升的问题，提升政府雇员的积极性，镇街通过设置主管、副主管、副主任、副总监、常务副总监等非正式的职位来实现，并对应相应的行政职务，缓解雇员"职业天花板"问题。

缺陷之二是不同类型的政府工作人员薪酬待遇差距较大，在当前财政资源较为紧张的情况下，该问题进一步突出。

顺德政府工作人员的薪酬福利主要由区委组织部工资福利科统一设计和管理，总体薪酬待遇呈现公务员的薪资最高、福利最好，事业单位编制人员薪资福利居中，劳务派遣人员薪资最低、福利最少的圈层结构。以实地了解情况为例，某公务员入职七年，现为正股级科员，年薪约为 25 万元（包括绩效和各类补贴）。正式公务员通常以其他沿海经济发达地区公务员工资待遇作为自己的参照系，如浙江台州、广东中山、邻近的佛山南海等地。与这些地区相比，顺德区公务员的薪资待遇仍属一般水平。

对于一般雇员来讲，其薪资待遇则更大程度上依赖于本地当时的财政状况。在 2010 年顺德区实施"简政强镇"之后，镇街雇员人数不断增加，导致雇员行政成本增加，形成较大的财政压力。同时在岗位设置上，还出现了专职消防员、专职安全员等

---

[1] 资料来源：SD1707I02001，见书尾附录说明。

"上级点菜,镇街买单"现象,加剧了镇街财政压力。由于财政负担重,顺德区政府雇员薪酬待遇处于相对较低水平。2014年区属机关新入职的应届本科毕业生年薪是51 501元,低于当年顺德区城镇非私营单位在岗职工平均工资(56 198元)。各镇街政府雇员收入则相对高一些,新入职应届本科生年薪在5.6万~8.1万元之间,略高于当年非私营单位平均工资。

顺德区政府尝试利用雇员分级制改善雇员的激励条件。将政府雇员根据才能和绩效分为初级、中级和高级雇员,高级雇员与公务员的薪酬福利差距较小。据了解,顺德区某局负责区域内投资事宜的一名高级雇员,年薪约为17万余元,显著高于普通雇员,薪资待遇接近正式编制的公务员。

缺陷之三是雇员制的刚性化逐步加强,有向编制制度靠近的趋势,灵活程度减弱。党的十八大以来,顺德区政府雇员数量总体呈下降趋势。根据顺德区组织部于2013年12月、2015年8月开展的两次调查,以及在2017年7月份于顺德区调查获取的数据(见表3-2),三次调查显示顺德政府雇员数量依次为10 499人、10 634人、5 165人,其中镇街政府雇员数量下降明显,2013年12月为9 145人、2015年8月为9 343人、2017年7月份为3 830人。各镇街减少政府雇员招聘数量,实行"只出不进"等措施,导致政府雇员数量的大量减少。

在政府雇员数量严格限制下,单位对于表现不优秀的政府雇员的处理也极为审慎,压缩了各单位对政府雇员管理的灵活性。这就限制了各单位的人事管理以及考核权,考核淘汰机制不能发挥作用。概括来说,在"财政供养人员只减不增"政策下,编外人员管理同样受到冲击，管理上复制了编制内人员的管理思路，导致灵活性下降、刚性增强。

总体来看，政府雇员的待遇较低，工作压力大，职业天花板明显，导致了政府雇员任职时间短，流动性高，不利于政府进行人力资本投资。随着编外人员编制代管理加强，进一步削弱了政府雇员制度的灵活性。这些关键问题仍有待解决。

综上所述，顺德一直走在机构改革和人员精简的路上，经济体量不断扩大，社会活动日趋复杂，党政机构设置和人事体系以符合本地风格的方式不断调适。尽管党政机关数量不断减少，但顺德逐步把事业单位和非政府力量纳入治理主体版图中，以党政机关为主导，以事业单位为辅助，以社会力量为外延，构成中心精简、治理能力强劲的治理体系；在财政供养人员不断减少时，以富有企业色彩的雇佣关系和人员招聘外包方式，运用内部调配和雇员制等手段，灵活缓解了机构精简强压下"人少事多"的政府困境。

加强党的领导：党建工作精细化

党委领导在社会治理领域发挥核心作用，社会治理各类主体在党组织领导下成为一个有机整体。建设创新型社会治理体制必须加强党的领导，由党委发挥把握方向、协调各方和整合力量的作用，弥补其他各类社会治理主体在视野、信息、能力、担当等各方面存在的不足，从而对社会治理的方向、路径、模式等全局性问题形成更加清晰的认识和把握。具体而言，党委在社会治理联动模式中的作用主要是统筹协调政府、社会、公民在社会治理过程中的关系，确保每一个治理主体在治理过程中既不越位也不缺位，始终保持总揽全局、协调其他治理主体的地位。

要在发展水平相对较高的县区实现党领导下的良好治理，关键在于细化党组织的建设工作。基层党组织是工作基础和战斗堡垒，只有配齐班子、健全制度、抓好落实，才能将党的领导力量真正辐射、覆盖到治理的方方面面。顺德党组织建设重视基层党建细节，党组织建设正往精细化方向纵深发展。

党组织结构

顺德区党组织建设由区委组织部的组织科负责统筹规划。经过 2019 年 6 月的体制改革后，组织科被细分为三个具体科室。其中，组织一科负责党组织整体建设和主题活动，教育性较强；组织二科专门负责农村党组织的建设，包括群众自治组织和经济组织等，目前已覆盖辖区内 205 个村居社区；组织三科负责机关党建的党组织建设，力促党员在新经济和新社会中发挥作用。划分管理机构是顺德党组织建设精细化管理的有效举措，也反映了顺德区党委对党组织建设和意识形态维护的重视。

在三个组织科室的领导下，各区属单位、镇街单位分别设立了组织科、党建管理小组和党支部，塑造地方党委（区级）和基层党委（镇街）两大平行模块，依托现有的行政单位形成了层级分明、纪律严格的党组织架构。党组织的管理遵循属地管理原则和行政隶属原则，区属单位和镇街接受相应的区委的领导，具体负责协调、执行相关事宜。

党员数量与活动

过去十年，顺德区党员数量一直呈上升趋势，给组织科带来了较大的管理压力。调研发现，顺德区全区共有党员 90 000 多名，其中在党政机关工作的党员共有 4 000 多名。在压力之下，顺德区创新管理方式。例如，组织科设立了竞争性的党群共建社区发展资金和村居党建社区发展资金，每年资金总额为 2 000 万元，党群共建社区和村居党建社区可自行提交党组织建设方案，通过评选的党建单位可获得 10 万元的发展资金。竞争性项目资金的设立，培育和激励了基层党组织创新发展的精神，也为基层党组织提供了资金支持。

在党员数量增长的基础上，顺德区的党员活动多姿多彩，不仅注重传送党组织精神和维护意识形态，还着重于为顺德区政府提供党政管理人才。如顺德区的党建先锋队活动，选择年轻的党员组成党建先锋队，由组织部领导带队，定期举办党员交流、红色基地参观活动，让党员同志们相互交流工作经验，并从中选拔工作能力强、素质高的党员作为管理储备人员。同时，顺德区政府于 2018—2020 年开展党的基层组织建设领跑行动，具体分为三步走：一是于 2018 年实施"领跑启动"计划，以"规范化建设"为主题，发现并解决党组织建设中存在的问题，完善相关制度；二是于 2019 年实施"领跑提升"计划，以"组织力提升"

为主题，重构党组织对各类基层组织全面领导的机制体制，健全共建共治共享社会治理格局；三是于 2020 年实施"领跑跨越"计划，以"基层党建全面进步全面过硬"为主题，完善党组织考核评优工作，并总结经验向全国推广。目标明确、计划合理、执行到位的党组织建设活动为新时代下顺德的发展提供了坚实的政治保证和组织保证。

党组织建设难点

随着党员数量增长，党组织覆盖面不断扩延，党员分布不断下沉，农村党组织建设和党员管理成了顺德党组织建设的难点。如上所述，顺德的党组织建设覆盖了 205 个村居社区，并深度参与基层治理，但分布广泛、人员数量多，又导致难以进行有效管理。一方面，尽管已划分出组织二科专门管理农村党组织建设，但是依托行政单位体系的党组织管理链条较长，纵向上的管理强度从上到下减弱，处于管理链条末端的村居党组织，容易在活动开展和组织工作、意识工作上偏离主流。另一方面，村居社区党组织的党员身份复杂，同一社区里的党员可能是律师，也可能是物业管理人员，空闲时间难以协调，主题活动难以落实，相互间也容易产生矛盾。细化管理后，如何解决细化伴随的问题仍是未来顺德党组织建设需要突破的堵点、难点。

基层村居社区党组织建设之所以重要，是因为社区党组织能参与到最末梢的行动中，是村民市民最切身接触的党组织，肩负着与村居委一同维护社会稳定、促进社会经济健康发展的重任。"社区治理得好不好，关键在基层党组织、在广大党员"。党组织建设逐步精细化是发展潮流，顺德经验和问题是各地正面临或将面临的重要问题，值得参考对照、取长借鉴并创新超越。

强化激励约束：绩效考核针对化

绩效管理作为顺德区政府组织人事建设的重要手段，具有评估部门工作成效、提高党政机关的执行力和公信力、考核工作人员贡献和潜能的作用。本节主要从绩效方案和绩效评估过程两方面来介绍顺德区绩效管理工作。

针对性绩效方案

目前顺德区政府的绩效方案主要内容已沿用多年，一开始先由区委组织部的绩效管理科发文给各区委部门、镇街单位，收集其倾向的绩效考核方式，再由绩效管理科整理，结合相关专家的建议，形成一份绩效管理方案；绩效管理科将整合好的绩效管理方案发送给各单位，收集修改意见，完善后形成最终的绩效管理方案。每年的考核结束后绩效管理科便会发文征询各单位对绩效方案的修改意见，修改后形成下一年度的绩效方案，但该绩效方案一直很稳定，并未有大的改动。该绩效方案以各单位为评估对象，根据单位性质、职能特点和隶属管理等情况将考评对象分为四类：一是主要承担综合管理或协调职责的区属单位（15 个）；二是主要承担经济社会管理职责的区属单位（22 个）；三是镇、街道（10 个）；四是垂直管理单位（11 个）。

绩效管理对各类被考评单位实行差异化考评，包括业绩评估、专项评估、创优创新评估、作风评估和领导评估五大方面。业绩评估细分出共性任务、重点任务（职能任务）和追加任务，其他方面亦然（见表 3-3）。考评结果划分优秀、良好、合格和有待整改四个等次，区绩效办将根据考评结果对各单位提出改进建议、督促其整改落实，同时考评结果将被作为单位绩效奖励的依据，进而作为人事管理、干部责任追究的参考。然而，调研中发现，目前的绩效管理方案已不适用于现有的机制体制，绩效管理科已委托第三方科研机构制定新的绩效管理体系，2019 年的绩效考核方案与 2018 年的方案差异较大，但由于涉密，我们并未获得具体的绩效考核方案。

表 3-3　2018 年顺德区政府内部绩效考核方案

一级指标	二级指标	三级指标或说明
业绩评估	共性任务	因单位类别的不同而不同，如第一、二类单位的指标为：党的建设、政务管理及信息公开、依法办事、履职效果、行政成本、工作效率、政务协同；第四类单位的指标为：依法办事、行政成本、工作效率和政务协同
	重点任务（职能任务）	各单位年度承担的区重点工作人员不同
	追加任务	视情况而定
专项考评	区委区政府重大、重点专项工作，各单位有所不同	村级工业园升级改造工作、基层治理乡村振兴工作（仅针对第一、二、三类单位）

（续表）

一级指标	二级指标	三级指标或说明
创优创新评估	战略突破性工作	战略作用、创新程度、工作难度、效益成果
	改革创新工作	
作风评估	大数据调查	信访办理情况、政民互动（窗口服务工作情况、佛山市 12345 热线办理情况、区政务咨询和行政投诉热线办理情况、政务论坛回复办理情况）
	满意度调查	职责履行、作风建设
领导评估	由区委区政府主要领导、区四套领导班子成员对各被考评单位的行政决策、职责履行、协作配合等内容进行评议	

　　顺德区政府绩效考评主要由区委组织部的绩效管理科牵头，以其他区委部门、镇街单位的相应科室或工作小组为辅助开展。每年年初，区绩效办将新的绩效方案发给被考评单位，被考评单位对照绩效方案定期向绩效办提交工作进度和工作成效；每年六月，绩效办将系统性阅览收集整理好的本年度绩效材料，督促进度较慢的单位推进工作；年末时各监测单位对各被考评单位打分，打分情况由区绩效办收集并统计出结果，送给区长审批；审批通过后便公示绩效成果，并进一步确定各单位和个人的绩效奖惩情况，考评周期为一年。

绩效考评尚存在的问题

　　从单位部门角度看，绩效考评方案存在一些不足。根据田野观察和访谈发现，该绩效方案考核出的优秀部门较为稳定，一般是区委政府办公室、组织部、经济发展和促进局等核心部门。原因可能有两个：一是区委政府办公室、组织部等是核心部门，负责的工作较为重要，工作量大（区委政府办、组织部、经济发展和促进局是加班重灾区，其中经促局的所有工作人员都默认了提前1小时上班的隐形工作规则），在领导评估一项中，领导"不念功劳，也念其苦劳"，打分可能较高；二是较边缘的被考评单位由于承担的重点任务较少，在个性维度的得分较低，处于较为劣势的地位；核心部门承担的重点工作较多，贡献较大，得分较高。

从个人角度看，对党政机构工作人员影响最大的是激励制度，但绩效考评方案对工作人员的激励水平不高，评价体系仍存在问题。根据调研情况，激励评价主要可以分为政治激励、物质激励和其他激励三大类型。

对于政治激励，职务职级并行是当前顺德区主要的政治激励机制，绩效考评优秀的个人除年资主导的职级晋升外，还能够获得职务晋升的机会。但职务晋升在顺德面临明显制约，一方面是因为顺德在省管改市管、并入佛山市后，职务天花板变低，职数有限，基层公务员的职务晋升变难。另一方面，即使有职务晋升空间，由于级别间的待遇差距相对不大，领导职务人员却要承担更大的风险和责任，导致责、权、利不匹配。在全面严格问责的环境下，部分表现优异者和担任领导职务的人员中的、部分倾向于转非领导职务，职级晋升激励成为福利、职务晋升变成负担，一定程度上偏离了制度设计初衷。

对于物质激励，如本章第一节所述，顺德公务人员工资对比本地平均工资有一定优势。但相较于外企和民企，以及珠海、中山、广州、深圳、佛山南海和禅城等周边地区而言，顺德公务员体系的薪酬福利竞争力不高，却承担着同等或相对更重的事务压力。特别是在大部制改革和简政强镇之后，基层事务不断加重，而公务员编制并未随之增加。而且，随着广佛同城化建设、大湾区建设等的不断推进，不断上涨的房价与当前的薪酬相比，也带来了一定程度的安居压力。总的来看，外部压力和对比参照弱化了绩效方案中的相对物质激励水平。

对于其他激励，在当前常态化问责的情况下，机关容易形成"做得多不如做得少，做多错多，做少能降低风险"的组织文化和工作作风，领导干部、公职人员的担当力有所下降。另一方面，在问责时现任职位的工作人员可能要承担全部历史责任，在缺乏一定的保障机制的情况下，某种程度上也打击了公务员的工作积极性。政府工作人员更倾向于获得平稳的绩效考评结果，而不愿冒风险。

个人绩效考评效力下降，原因除了正向激励弱化外，另一关键因素是负向激励同步弱化。"能进能出，能上能下，奖勤罚懒"是组织人才更新和人才激励的表现形式，退出机制作为负向惩罚是评价考核的重要一环。然而，根据实地观察，顺德政府的考评方案中，评级和退出仍有缺陷。

在考核评级方面，首先，考核机制形式化程度较高，很少见到负面评级。其次，当前的考核以部门为单位，缺乏直接针对个人的绩效考核评级。再者，评价考核机制的失灵，导致进入体制之后的人才，在某种程度上存在能力和素质下降的迹象。

在退出方式方面，在当前的评价考核问题下，公务员体系的退出方式主要有四种。第一种是自然退出，也是一种主要的退出方式，即依赖于退休制度来实现编制的自然空缺，依靠这种方式来实现的人才更新率非常低；第二种是辞职离职，即公务员体系的党政人才另寻出路；第三种是调任升职，从而空出编制；第四种是犯了严重错误，如违法违纪，被开除出公务员队伍，进而空出编制。后几种退出方式的出现频率同样较低，一般可以认为，只要不是自愿退出或辞职离职，基本不存在退出风险。另外部门在编制数量只减不增的规制下，即使某些工作人员工作效率和成效低，但在不犯重大错误的情况下，部门往往不愿意令其退出。

综合来看，目前顺德区政府绩效考评方案有较为完善、针对性较高的程序设置，但在实践中，激励、退出等环节仍存在改进空间。

完善人才工作：人才进出稳定化

在不断改进绩效考评方法的同时，顺德区也在人才工作方面集中发力。特别是在近年粤港澳大湾区的整体战略之下，顺德的人才引入对象不仅来自国内，更多扩展到海外；人才的服务对象不仅是顺德，还涉及整个大湾区建设以及改革开放的进一步推进；人才政策不仅要考虑到顺德的情况，还要考虑到粤港澳大湾区中的其他城市，和其他城市协同发展，资源互补、人才共享。人才工作越来越成为顺德政府的工作重点，其任务更加艰巨。

2019年7月，全球500强企业美的集团负责人直接打电话给顺德区常委反映，顺德区在高薪酬人才个人所得税返还方面的力度明显弱于江苏省无锡市高新区等地，容易造成人才外流，希望政府予以关注。针对企业诉求，区委组织部调研科与区委办、人才办、财政局、民政人社局及美的集团有关单位进行紧急沟通，商量对策[1]、快速反应。灵活、高效、精准的回应力和对人才政策重视程度可见一斑。

现时，顺德区人才工作主抓"进""出"两大关键矛盾，注重引入人才、留住人才、培养发掘人才能力，形成了一套较为完整的人才工作架构，人才工作成果较为显著，对党政机构和产业人才都产生了积极作用。

人才工作架构

顺德区政府形成了区级统筹、镇街配合、事业单位辅助的人才工作框架。首先，顺德区政府组织成立了人才工作领导小组，负责人才工作的宏观统筹与规划，主要成员单位包括区委区政府办公室、区委组织部和区人社局等，职责涵盖政策制定、人才引进、培养提升、人才服务等领域[2]。

在职能分工上，以顺德区人才工作领导小组为主导，镇街一级负责配合，并设置顺德区人才发展服务中心为专门的法定机构提供人才服务。此外，区委组织部下设人才战略发展中心，负责高端人才引进、国外人才站建设、国内人才工作站网格化等工

---

[1] 资料来源：《关于顺德区高薪酬人才个人所得税的问题与建议》。

[2] 中共顺德区委组织部和南方日报佛山新闻部. 顺德区人才工作调研报告 [R]. 2018：3.

作。在人才工作领导小组的动员下，各单位参与到人才工作中，组建了结构清晰、职责明确、运行高效的人才工作架构。

以国内外人才服务站网络为例，顺德对外在英国、美国、俄罗斯等国家建立海外人才工作站。以区委统战部为主导，人才办为职能部门，当地中国留学生协会为基础，建立连接国内外的人才传输体系。借助海外人才工作站，顺德区的优秀人才政策、先进人才管理理念等信息得以传播，充实了顺德区海外人才储备，进而激发顺德作为侨乡的优势，促进海内外经济协同发展。顺德区政府对内在人才办的指导下，在各区属单位和 10 个镇街建立人才服务站，由点及面，形成覆盖全区的人才网络。同时，为促使各单位支持人才服务站的建立和维护，人才办设立了竞争性扶持人才项目，优秀的人才服务站建设方案最高可获得 50 万元的支持。内外联动促进人才工作网格化是顺德区人才工作的一大亮点。

人才工作政策

（一）人才政策的历史变迁和体系

顺德人才政策的发展与变迁有三个重要的节点，分别是 2011 年底、2015 年 9 月和 2016 年 7 月。这三个节点分别出台了一份宏观层面的纲领性文件、一份中观层面的政策性文件，以及一本微观层面的具体操作指南，共同构成顺德"1＋1＋1"的人才政策体系。

2011 年底，顺德出台《关于加快实施人才强区战略的决定》，提出要举全区之力打造人才强区，将顺德打造成人才干事创业的首选区，成为全省乃至全国的人才特区。随后一年，顺德区政府陆续推出 10 套"人才强区"战略的配套政策，分别从人才引进、项目带动、公共服务、素质提升、平台建设、激励机制、创业扶持以及资金管理等方面，初步搭建起一套较为系统的"1＋10"人才政策。但企事业用人单位在实践过程中评价不高，在一次全区人才工作座谈会上，一位企业总经理直言，顺德的人才工作气氛一直是政府"一头热"，政策出台后却不见企业回响，人才政策未能对症下药。

2015 年 9 月，在对"1＋10"人才政策进行全面评估的基础上，顺德市政府针对"1＋10"政策体系下的不足，出台了《关于加强高层次人才和团队引进培养工作的若干意见》，即"人才新政 30 条"。据顺德区民政和人力资源社会保障局介绍，与顺德之前出台的人才政策相比，"人才新政 30 条"主要有四个方面的转变：一是从原来的扶持人才个人向重点扶持人才载体、人才项目转变；二是从事后扶持转向事前、事中扶持，更加符合人才创业和事业发展的需要；三是更注重发挥企业评价人才的主体作用；四是突破制约人才融入的重点难点问题，主要解决人才入户、子女入学、周转居住、医疗保障等影响人才引进和留用的瓶颈问题。

"人才新政 30 条"出台后，顺德人才政策体系实现从"1＋10"向"1＋1＋1"转变，也是将人才强区战略作为一份宏观层面的纲领性文件、"人才新政 30 条"作为中观层面的政策性文件，再据此出台一本微观层面的具体操作指南，并为每条人才政策配套实操性强的细则，不断补强人才服务"协同网"。

2016 年 7 月，顺德对"人才新政 30 条"进行了细化，密集出台五项涵盖人才认定、入户、子女入学、安居、薪酬补贴的系列人才新政，一举破解制约企业引才留才的瓶颈。这一系列新政补充了顺德人才政策体系的微观构成，使顺德初步搭建起一套较为系统的"1＋1＋1"人才政策体系。

（二）人才政策的主要内容

本节收集并整理了顺德"1＋1＋1"人才政策体系中相关的十项文件，前两项文件分别作为人才政策体系中的宏观层面的纲领性文件和中观层面的政策性文件；后八项文件则是中观政策文件"人才新政 30 条"的微观操作指南，可以分为人才确认、人才生活服务保障、人才引进与薪酬补贴三个板块。

十项文件的发文时间、发文单位和主要内容如表 3-4 所示。

表 3-4 顺德十项主要人才政策概览

政策地位	文件名称	发文时间	发文单位	主要内容
宏观纲领性文件	《关于加快实施人才强区战略的决定》，顺发〔2011〕29 号	2011 年 12 月 14 日	中共顺德区委、顺德区人民政府	举全区之力打造人才强区，在"十二五"期间投入逾100 亿元的人才开发资本
中观政策性文件	《顺德区人民政府关于加强高层次人才和团队引进培养工作的若干意见》，顺府发〔2015〕25 号	2015 年 9 月 16 日	顺德区人民政府	1. 引进人才，扩大增量 2. 培养人才，盘活存量 3. 扶持人才创业 4. 保障人才生活服务

政策地位	文件名称	发文时间	发文单位	主要内容
	《顺德区高层次产业人才确认办法》，顺民社发〔2016〕198号	2016 年 7 月 19 日	顺德区民政和人力资源社会保障局	1. 产业人才分类 2. 各类产业人才的确认条件 3. 确认方式和程序 4. 产业人才的考核和管理
人才确认	《顺德区医疗卫生系统高层次卫生人才确认办法》，顺卫〔2017〕15号	2017 年 1 月 11 日	顺德区卫生和计划生育局、顺德区民政和人力资源社会保障局	1. 卫生人才分类 2. 各类卫生人才的确认条件 3. 确认方式和程序 4. 卫生人才的考核和管理
	《顺德区高层次教育人才确认办法》，顺教〔2017〕55号	2017 年 5 月 3 日	佛山市顺德区教育局、佛山市顺德区民政和人力资源社会保障局	1. 教育人才分类 2. 各类教育人才的确认条件 3. 确认方式和程序 4. 教育人才的考核和管理
微观操作指南	《顺德区人才入户管理办法》，顺府办发〔2016〕39号	2016 年 4 月 8 日	顺德区人民政府办公室	1. 人才入户分类 2. 各类人才入户的条件 3. 入户申请和办理程序 4. 人才集体户口管理
人才生活服务保障	《顺德区高层次人才安居办法》，顺府办发〔2016〕95号	2016 年 8 月 15 日	顺德区人民政府办公室	1. 人才安居的定义和方式 2. 人才安居申请条件 3. 各类人才安居的人才公寓面积、租房补贴、购房补贴
	《顺德区高层次教育人才安家补贴实施办法》，顺教〔2017〕141号	2017 年 8 月 29 日	顺德区教育局、顺德区财税局	1. 安家补贴的类别 2. 各类安家补贴的申请条件 3. 安家补贴的发放方式和办理程序

政策地位	文件名称	发文时间	发文单位	主要内容
	《顺德区高层次人才子女入学管理办法》，顺府办发〔2018〕66 号	2018 年 6 月 27 日	顺德区人民政府办公室	1. 优教服务类别 2. 各类优教服务的申请条件 3. 教育津贴的申请条件、发放方式和申报程序
人才引进与薪酬补贴	《顺德区事业单位引进高层次人才和急需紧缺专业人才试行办法》，〔2015〕168 号	2015 年 12 月 11 日	顺德区人民政府办公室	区委组织部开通引进高层次人才和急需紧缺专业人才的"绿色通道"
	《顺德区高层次人才薪酬补贴实施办法》	2016 年 11 月 29 日	顺德区民政和人力资源社会保障局	1. 薪酬补贴的分类和申请条件 2. 各类薪酬补贴金额 3. 薪酬补贴的发放方式和办理程序

（三）人才政策的后续修订与调整

2016 年 8 月顺德区政府出台《顺德区高层次人才安居办法》，原《顺德区高层次人才安居试行办法》同时废止。与《试行办法》相比，首先，新的《安居办法》跟进了 2016 年 7 月最新出台的人才认定标准，将政策的覆盖人群与区民政和人力资源社会保障局建立的高层次教育人才信息库对接。其次，新增了区国有资产监督管理办公室的配合单位职责，规定其负责从公开市场购买、整合现有公有物业等方式统筹落实人才安居所需房源。再次，明确了区人才发展服务中心为区法定安才机构，负责人才安居日常业务、向社会公布人才安居实施情况、负责会同相关主管部门建立全区统一的人才安居信息系统。

2018 年 7 月顺德区政府出台《顺德区高层次人才子女入学管理办法》，原《顺德区高层次人才子女入学管理办法（试行）》废止。与《试行办法》相比，首先，新的《管理办法》同样跟进了新的六类人才认定标准。其次，对高层次人才子女的入学管理更加精细化，明确了：一、二类高层次人才子女不受户籍，教育阶段限制，享受优教服务；三至六类高层次人才子女入读义务教育阶段公办学校；不接受已在我区就读、尚未毕业的三至六类高层次人才子女重新择校的入学申请。再次，取消了申报程序中的"所在优秀企业（科研机构）审核推荐"环节，由个人直接向区教育局或申请入读学校所在地的镇（街道）教育局提交申请资料，服务更加人性化。

尽管如此，顺德人才政策目前还存在管理条例过于宽泛、操作性不强等问题。例如，2016 年印发的《顺德区高层次人才安居办法》中只是将补贴额度简单表述为"最高不超过 600 万元、不低于 300 万元的购房补贴"，并未详细说明 300 万～600 万元购房补贴范围的划分标准，可申请补贴的房产类型，以及房屋产权分配等事项。以至于在根据此政策引入院士时，在实际工作中产生了"补贴的房子应是什么类型？房子产权归谁？如若给院士，如何保证其持续为顺德区做贡献？他要把房子转卖跑了怎么办？"等疑问，最后只能通过"一事一议"的方式来解决引进院士的问题。人才政策的模糊化致使人才贡献评估困难，疏于监管，易进一步造成"高层次人才串场，人才稳定性、专注度不足"的后果。

人才工作成效：引进和留住两手抓

在引进产业人才方面，《顺德区高层次产业人才确认办法》规定了认定和评定两种方式确认高层次产业人才，针对性引入顺德急需人才。高层次产业人才认定工作全年开展，高层次产业人才评定工作每季度组织一次。

2016年顺德区人才发展服务中心开始开展高层次人才申报确认工作，当年受理各类高层次人才申报业务2500宗，确认人才资格2500人；到次年，受理申报业务已达到1.4万宗。2018年全年共办理高层次产业人才确认4726宗，确认人才资格4726人，累计达2.1万人次。所有人员名单均在政府官网进行公示，对公示通过的高层次产业人才将颁发"德才卡"。

在引进补贴上，《顺德区高层次人才安居办法》提出利用区镇（街道）两级财政资金以及发动社会力量筹措其他资金实物，通过货币补贴（购房补贴和租房补贴）和实物配置两种方式为各类高层次人才提供安居条件。《顺德区高层次人才薪酬补贴实施办法》对符合条件的申请人分别给予不同档次补贴。2017年顺德区发放安居补贴资金870.08万元（889宗），发放薪酬补贴资金11518.93万元（5659宗）。2018年发放安居补贴资金2565万元，较2017年增长1695万元；受理业务数量1908宗，同比增长114.6%。2018年发放薪酬补贴资金27800万元（4701宗），金额同样有显著增长。

在积极人才政策下，各类专业技术人员数量，尤其是中级及以上职称的专业技术人员数量呈现不断上升的发展趋势，表明区域引进外来高层次人才和本地人才技能的培养和提升效果不断改善。

根据《顺德区国民经济和社会发展统计公报》的数据，2014年顺德区共拥有专业技术人员 120 648 人，其中中级技术职称及以上人员有 37 209 人。2015 年，顺德区拥有专业技术人员 126 017 人，同比增长 4.5%，其中中级技术职称及以上人员有 40 057 人。到 2016 年，顺德区拥有的专业技术人员增长至 131 568 人，同比增幅高达 9.1%，其中中级技术职称及以上人员有 42 889 人。到 2017 年，顺德区共有各类专业技术人员 137 340 人，比上年增长 4.4%。其中，高级职称 6 688 人，中级职称 39 270 人，初级职称 91 382 人。截至 2018 年年底，顺德区共有各类专业技术人员 145 083 人，比上年增长 5.6%。其中，高级职称 7 377 人，中级职称 42 761 人，初级职称 94 945 人（见图 3-1）。

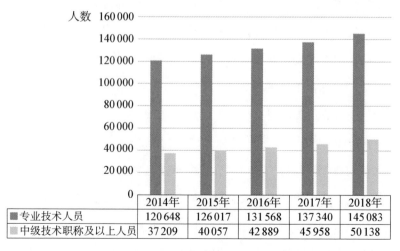

人数	2014年	2015年	2016年	2017年	2018年
专业技术人员	120 648	126 017	131 568	137 340	145 083
中级技术职称及以上人员	37 209	40 057	42 889	45 958	50 138

图 3-1　顺德区各类专业技术人员数量

党政机关人才工作方面，顺德区牢牢把住入口关，严格甄选品质优良、综合素质高的党政机关人员，打造一支政治立场坚定、勤恳奋斗、勇于创新的工作人员队伍。党政机关中的党员人数占比大，先锋骨干党员等，体现了党政机关工作人员坚定的政治站位与较高的思想意识。同时，为了保证公务员队伍质量和降低公务员的流失率，顺德区连续六年采取选调生方式面向全国招聘公务员，广纳良才。

顺德区公务员的全日制专业涵盖了所有的专业大类，从结构上看，理工类（含工学、理学）为 20.52%，经管类（经济学、管理学）为 15.08%，专门类（农学、医学、教育学）为 4.51%，综合类（文学、法学、历史、哲学）约为 13.81%。另有占总数 45.69% 的非全日制本科学历人员（1 681 人），主要由经济、行政管理、工商管理类、法学等专业组成，形成了一支综合素质较高的人员队伍（见图 3-2）。

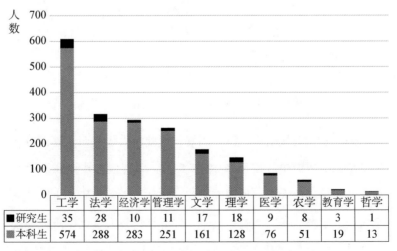

	工学	法学	经济学	管理学	文学	理学	医学	农学	教育学	哲学
■研究生	35	28	10	11	17	18	9	8	3	1
■本科生	574	288	283	251	161	128	76	51	19	13

图 3-2 顺德区公务员队伍全日制本科及以上学历人员专业分布

在留住人才方面，顺德于 2015 年实行包括雇员管理制度在内的改革调整，如明确岗位定位，调整薪酬结构与薪酬水平，对提升岗位吸引力、降低离职人数、减少人员流失产生了积极的作用。

从 2012 年起顺德区区属机关雇员离职人数不断增加（见图 3-3），2015 年达到 119 人，占总人数的近 8.2％。人员制度改革后，2016 年离职人数为 95 人，较 2015 年有所减少；2017 年上半年离职人数进一步降为 33 人，在一定程度上扭转了人员流失的势头。

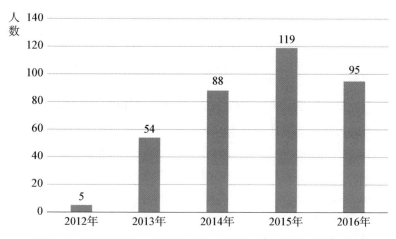

图 3-3 顺德区区属机关雇员五年（2012—2016）人员离职情况

最后，在对接引进、留住用好科研院所人才方面，顺德也给出了耀眼的成绩单。截至 2019 年 8 月，顺德区已建立三所研究院：北京外国语大学顺德研究生院、东北大学顺德研究生院、北京科技大学顺德研究生院。其中，以北京科技大学顺德研究生院为基础，顺势首次引进了院士，其研究团队也相应地入驻顺德，为顺德的新材料产业提供了强劲的研发平台、人才支持和技术支持。此外，顺德在过去十年间也成功引入了数百所科研机构，数十万名高层次人才。"科研平台＋人才＋企业"的模式极大促进了顺德的产业经济发展，使顺德连续七年问鼎全国综合实力百强区榜首。顺德区工程技术研究中心数量如图3-4所示。

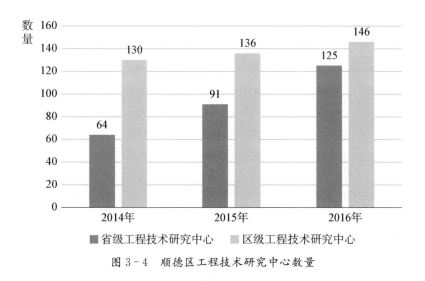

图3-4　顺德区工程技术研究中心数量

综上所述，条块清晰的组织架构和人事管理制度是推动基层治理的基础，基层党组织建设是基层治理不偏离主流的政治保证和制度保证，绩效管理制度对组织架构维护、人事管理具有考核评估、激励和奖惩的作用，人才输送机制作为人力资源管理的重要环节，对基层政府的有效运行和长远发展具有深远影响，这四个方面相互交织、不可分离，保证基层政府的正常运转，进而推动共建共治共享社会治理格局的形成。顺德，作为全国机制体制改革的先锋者，一直备受实践者和学者的关注，其高效的党政机关和弹性的人员任用机制，构成了一个中心精简、能力强劲的治理架构，为县域政府应对复杂压力提供了调适空间。同时，精细化的党建工作和针对化的绩效考核措施，加强了组织队伍的制度约束和激励约束，大大提升了顺德党政机关的执行力和公信力。并辅之以有效的人才政策、吸引和留住人才两手抓，顺德已经建立起适配本地经济社会环境的、有力的党政治理主体。然而即使走在改革前列，也难免有不完美的地方，这也正是组织人事实践者不断改革、相关学者持续研究的原因和动力。

第四章

顺德县域经济发展

本章作者：王穗凤、陈那波

县域经济建设所立足的经济治理情境影响了治理主体最关心的治理任务和治理目标，也在很大程度上决定了治理主体能够动用的组织资源、财政资源和社会资源，还影响了治理主体所采取的治理手段和治理机制，这些手段和机制在取得良好的治理绩效后，就可能会被作为历史经验进一步影响未来的治理实践。

因此，要理解当下顺德的经济治理方式，就首先要理解顺德是如何一步步走到今天的，面临什么样的经济治理情境。顺德的四十年经济发展历程波澜壮阔、跌宕起伏，历史事件纷繁复杂，第一节将分别从"工业发展先行一步""民营企业独树一帜""区位优势逐渐弱化""产业调整贯穿始终"以及"政府角色灵活调适"五个方面展开，试图对顺德经济治理情境中最关键的要素进行概括。

可以看到，顺德工业化较早，经济基础较好，区内民营企业和协会数量众多、作用明显，政府经济治理经验丰富、财力雄厚，而且变革和创新意识强烈，这些都构成了顺德经济治理的有利条件。同时，早期工业化过快也导致了许多历史遗留问题，如村级工业园用地效率低下、城市规划缺乏等，都构成了当下治理的核心难题，也决定了顺德经济的整体性治理模式，而这将在第二节具体展开。

顺德的经济治理背景

工业发展先行一步

顺德的工业发展最早可以追溯到 19 世纪的机械缫丝业，当时顺德被称为"南国丝都"[1]。20 世纪 30 年代，也就是在后来被称为国民政府"黄金十年"的发展阶段，顺德开始发展榨糖业，顺德糖厂是当时全国最早开始建设的大型糖厂之一。

从 1949 年到 1978 年的三十年间，顺德的工业以社队工业为主。虽然政治运动不断，但顺德的工业化发展道路没有被打断，全县仍有工业和手工业企业 3013 家[2]。改革开放后，随着工作重心转向经济建设，顺德从 1976 年就提出了"围绕农业办工业，办好工业促农业"的方针和"工业立县"的政策，抓住机会从事农机和电机生产。在珠三角、长三角发展出口加工制造业时，顺德也是最早抢占先机的地方之一，这也成就了顺德经济在 20 世纪八九十年代的辉煌。

早在 1991 年，顺德农业产值比重就由 1975 年的 50％下降到了 10％，并在之后进一步下降。工业产值则从原先 1975 年占比

---

[1] 肖冰. 近代顺德机器缫丝业的发展（1874—1929）[J]. 顺德职业技术学院报，2003（1）：33-36.

[2] 陈春花等. 顺德 40 年：一个中国改革开放的县域发展样板 [M]. 北京：机械工业出版社，2018：25.

不到 40% 增长到了 1991 年的 80%（见图 4-1）。

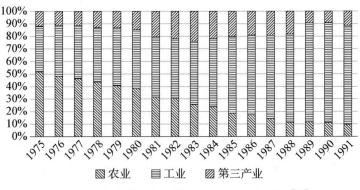

图 4-1　顺德产业构成情况（1975—1991 年）[1]

　　由于顺德的工业化速度过快，但城镇化水平远远滞后，有人将顺德比作"最好的农村，最差的城市"。到 20 世纪 90 年代初的产权改革时期，时任市委书记的陈用志在经济分析总结会议上，提出转变原先的经济发展策略，从以工业为主，调整为以二、三产业为主，逐步提高第三产业在国民生产总值中的比重，后来第三产业比重逐步上升，稳定在 40% 左右，基本奠定了今天的三大产业格局（见图 4-2）。

　　虽然顺德试图改善长期失衡的产业结构，缓解城镇化滞后的问题，但早期工业化进程中留下的村级工业园分布散乱、城乡不分，城市规划缺乏整体性和连续性，各镇缺乏连片产业园区等问题仍然没有得到实质性解决，并在后来的发展中逐步放大，成了制约当下顺德经济发展的主要因素。寻求这些问题的解决方案也

---

［1］　顺德县地方志编纂委员会编. 顺德县志［M］. 北京：中华书局，1996：215.

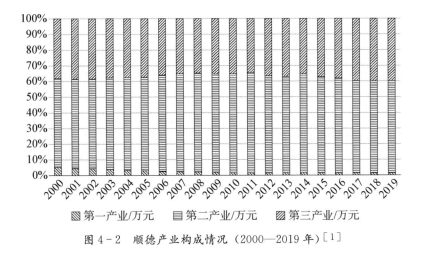

图4-2　顺德产业构成情况（2000—2019年）[1]

成了当前顺德发展的核心命题。

民营企业独树一帜

　　新中国成立以后，顺德企业主要有三种类型：国有企业、县属集体企业和乡镇集体企业。这三种企业类型在改革开放初期呈现不同的发展态势：国有企业的数量不断减少，在全县工业总产值中的占比不断降低，而乡镇集体企业则持续增加[2]。发达的本土民营企业是顺德相比于其他珠三角地区的一大特色。在珠三角发展"三来一补"[3]企业的时期，各个地区之间的竞争态势已经初步形成，由于顺德在与港澳联系直接吸引投资方面，相比

---

［1］资料来源：SD1907D03001，见书尾附录说明。

［2］陈春花等. 顺德40年：一个中国改革开放的县域发展样板［M］. 北京：机械工业出版社，2018：25.

［3］三来一补是"来料加工""来料装配""来样加工"和"补偿贸易"的简称。

于发展外向型经济的东莞稍有劣势，迫使顺德选择嫁接外资来壮大本土企业，打造自有品牌。对珠三角各地区的多元化发展，费孝通先生打了个生动的比方："东莞是洋枪队，顺德是地方部队，南海是游击队，中山是国家队。"[1]

随着顺德1992年在全国首推产权制度改革，政府经营企业大量减少，一大批乡镇集体企业转制为民营企业，成就了一群优秀的本土企业和企业家，其中包括著名的美的集团董事长何享健。这些在改革开放中成长起来的企业家对本土有着浓厚的感情，共享着类似的成长经历和回忆，形成了特有的"顺商文化""顺商精神"。

直到今天，民营企业依然是顺德经济发展的中坚力量。据统计，2018年1—10月规模以上民营工业实现产值4 763.4亿元，约占全区规模以上工业总产值的80%，对全区工业增长贡献率达到92.9%。[2] 表4-1为规模以上工业企业数量情况。

表4-1　规模以上工业企业数量情况　　（单位：家）

类型	2009	2010	2011	2012	2013	2014	2015	2016	2017
国有企业	1	2	2	3	1	1	1	1	1
集体企业	11	9	5	5	4	2	2	1	1
联营企业	2	2	2	2	2	1	1	1	1
有限责任	959	967	716	677	772	717	683	661	756
股份有限	17	18	16	18	23	27	35	41	46

[1]　费孝通. 珠江模式的再认识（下）[J]. 瞭望周刊，1992（28）：10-11.
[2]　资料来源：SD1907D03001，见书尾附录说明。

类型	2009	2010	2011	2012	2013	2014	2015	2016	2017
私营企业	934	920	536	474	517	465	431	425	506
港澳台资	540	515	431	397	386	344	332	308	293
外商投资	233	231	188	168	162	147	139	123	119
其他	12	12	18	18	7	5	6	4	3
总计	2 709	2 676	1 914	1 762	1 874	1 709	1 630	1 565	1 726

区位优势逐渐弱化

区位要素在不同历史时期给顺德经济带来了不同的影响。在改革开放初期，区位为顺德的经济发展提供了许多优势和便利，由于顺德位置临近港澳，企业各项运营成本低，在发展"三来一补"企业的时期，广东省委选择了在顺德等地进行最早的"三来一补"企业投产，将港澳的资金和技术与广东的劳动力资源优势互相结合起来。

同样由于临近港澳的地理位置，在顺德历史上有许多人迁往港澳生活，使得顺德成为著名的侨乡，全县共有华侨与港澳同胞40多万人，其中港澳地区的同胞约有30万人，他们的亲人遍布全县各个村镇。改革开放后，大量侨胞返回顺德，带回了资金、设备、技术和最新的市场信息[1]。顺德早期的家电生产就是受到了香港市场上的产品刺激。此外，海外乡亲的各种捐款也为顺德

---

[1]　陈春花等. 顺德40年：一个中国改革开放的县域发展样板［M］. 北京：机械工业出版社，2018：13.

的基础设施建设做出了巨大的贡献。直到今天，顺德大力开展村级工业园升级改造，海外侨胞仍然是顺德产业结构转型的一大助推力，顺德政府积极调动这些社会资源，欢迎他们回乡投资，为家乡建设作出贡献。

不过，随着经济形势的变化，顺德原先的区位优势正在逐渐减弱。一方面，顺德与港澳的联系稍逊于东莞与港澳的联系；另一方面，顺德处在深圳、广州两大城市附近，受"人口虹吸"因素的影响，顺德对高新技术人才的吸引力受到很大限制，成了制约其实现高质量发展的一大障碍。

产业调整贯穿始终

"改革精神"像是被刻在顺德人的骨子里的基因，贯穿了顺德改革开放四十年的发展。如前所述，从 19 世纪的机械缫丝业开始，顺德就不断经历产业调整。缫丝业衰败，顺德人就转投制糖业。改革开放后，趁着国内大中型国企尚未恢复，他们又抢占生产农机、电机的先机。国家将发展中心从重工业转向轻工业，农机、电机生产衰微[1]，顺德又抓住了国人对日用消费品需求增大的机会，引入国外技术，发展风扇、家电和家具产业。

顺德拥有一种能迅速洞悉外部形势环境变化，并快速调整产业以适应环境的特质和能力，致使顺德在改革开放四十年间经济保持着快速的发展。改革、求变是顺德发展的主旋律。2019 年 10

---

[1] 刘小妮，谭元亨. 顺德文丛——顺德乡镇企业史话 [M]. 北京：人民出版社，2007：42.

月 8 日,《2019 年中国中小城市高质量发展指数研究成果》发布,佛山市顺德区再一次蝉联冠军,顺德已连续第八年位列全国百强区榜首[1]。

图 4-3 为 2000—2019 年顺德区国内生产总值和增速;图 4-4 为 2000—2019 年顺德区人均国民生产总值与居民人均可支配收入曲线。

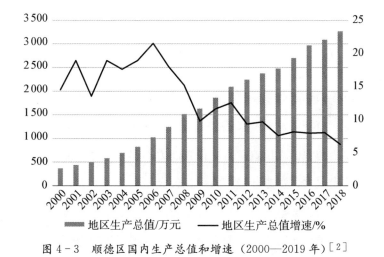

图 4-3　顺德区国内生产总值和增速（2000—2019 年）[2]

20 世纪 80 年代到 90 年代的顺德经济腾飞,奠定了顺德产业结构的基础。经过多年发展,顺德的家电和家具产业培育出了美的、格兰仕等世界著名品牌,顺德制造业的名气已经冲出中国,走向世界。

但曾经的辉煌并不意味着顺德在产业结构调整道路上的停

[1]　全国综合实力百强区评比指标由四项构成:人均 GDP,公共财政预算收入,城乡居民人均可支配收入,城乡居民最低生活保障标准。

[2]　图 4-3、图 4-4 数据来源:SD1907D03001,见书尾附录说明。

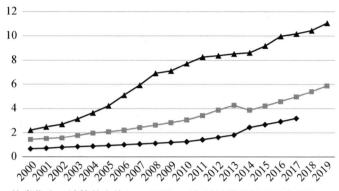

图 4-4　顺德区人均国民生产总值与居民人均可支配收入（2000—2019 年）

歇。由于顺德产业结构过于单一，过分偏重家电和家具这两大传统产业，给经济发展带来了很大风险。顺德的制造业主要处于全球产业链的中低端位置，自主创新能力不够强，由于粗放式制造占据较大比重，资源环境压力也比较大。

　　产业结构调整同样是其他珠三角地区的企业所共同面临的主要问题。顺德政府有关干部表示，除了以深圳华为为代表的拥有核心技术的大企业外，珠三角的大部分企业能够生存下来，依靠的不是技术，而是在市场洗牌中练就的敏锐市场嗅觉，进行疲于奔命的追随式创新，始终徘徊在价值链的中低端[1]。还有的干部认为，顺德被美的、碧桂园两个大企业"套"住了。这两个企业好，顺德经济就好，它们若不好，顺德经济跟着不好。为了改变这种不健康的产业形态，政府要努力发展新兴战略产业[2]。

---

　　[1]　资料来源：SD1908O003002，见书尾附录说明。

　　[2]　资料来源：SD1908O003002，见书尾附录说明。

2008 年国际金融危机爆发以来，世界经济持续低迷，贸易复苏乏力，德国、美国、巴西等国相继推出制造业和工业振兴计划。2018 年中美贸易战爆发后，各级各地政府对掌握核心技术的渴望越来越强烈，这些因素都在倒逼各地产业加快转型升级的速度。

在新一轮高新技术产业竞争的浪潮中，顺德虽然仍是广东省GDP 产值 3 000 亿以上的八个县区级经济体之一，保持着在佛山市各区 GDP 排名第一的成绩，但增长速度已经放缓，已被广州、深圳的一些区赶超（见表 4 - 2）。

表 4 - 2　十年间广东省国民生产总值排名前 20 位县（区）对比[1]

2009 年排名	2018 年排名	广东省排名前 20 县（区）	2018 年国民生产总值/万元
2	1（+1）	南山区	50 183 646
7	2（+5）	龙岗区	46 295 189
5	3（+2）	天河区	46 088 178
4	4	福田区	40 182 592
1	5（-4）	宝安区	36 121 814
20	6（+14）	黄埔区	34 651 800
8	7（-1）	越秀区	32 816 125
3	8（-5）	顺德区	31 639 342
6	9（-3）	南海区	28 090 896
无	10	龙华区	24 018 151
11	11	罗湖区	22 536 945
12	12	番禺区	20 789 611
13	13	白云区	19 623 879
16	14（+2）	海珠区	18 814 797

[1]　广东省统计局. 广东统计年鉴 2010 [M]. 中国统计出版社，2010；广东省统计局. 广东统计年鉴 2019 [M]. 中国统计出版社，2019.

（续表）

2009 年排名	2018 年排名	广东省排名前 20 县（区）	2018 年国民生产总值/万元
10	15（－5）	禅城区	18 550 613
22	16（＋6）	南沙区	14 584 090
18	17（＋1）	花都区	13 583 660
21	18（＋3）	三水区	12 279 591
19	19	荔湾区	12 233 438
15	20（－5）	增城区	11 241 135

早在 2002 年，顺德政府就意识到产业格局存在的问题，并出台了以《产业结构调整实施方案》（见表 4－3）为代表的一系列产业结构调整政策，试图主推"八大支柱"产业，即家电、机械装备、电子信息、纺织服装、精细化工、包装印刷、家具制造、生物医药。不过，到"十一五"期间，传统产业仍是顺德工业的主导产业，占规模以上工业总产值的 60%，先进制造业和高技术产业的发展均低于优势传统产业[1]（见表 4－4、表 4－5）。

表 4－3 2002 年顺德市工业结构调整实施方案

产业类型	行业	2001 年规模以上企业增加值占全市比例/%
传统优势产业	家用电器	45.66
	纺织服装	8
	食品饮料	4.6
	金属制品	2.34
	塑料制品	2.64
	家具	0.4

---

[1] 资料来源：《结构优化，成效显著——"十一五"顺德工业发展情况简析》。

产业类型	行业	2001 年规模以上企业增加值占全市比例/%
新兴支柱产业	电子通信	11.7
	机械、电气及运输设备	13.32
	生物医药	2.4
	精细化工	1.8
	其他	7.14

表 4-4　2010 年顺德区主要产业产值一览表 [1]

产业	2010 年/亿元	2009 年/亿元	增长/%	占比重/%
电气机械及器材制造业	2 369.83	1 838.11	26.5	49.52
♯其中：家用电力器具制造	2 035.43	1 486.88	34.3	42.54
金属制品业	266.11	277.33	−5.84	5.56
通信设备、计算机及其他电子设备制造业	219.03	200.37	7.28	4.58
通用设备制造业	196.82	222.02	−13	4.11
塑料制品业	193.51	174.62	8.75	4.04
交通运输设备制造业	172.95	95.20	78.28	3.61
工艺品及其他制造业	161.18	102.5	54.32	3.37
纺织服装、鞋、帽制造业	133.50	115.87	13.07	2.79
化学原料及化学制品制造业	126.77	132.71	−6.26	2.65
专用设备制造业	126.76	144.48	−13.9	2.65
有色金属冶炼及压延加工业	112.17	90.56	21.55	2.34
纺织业	111.38	104.75	4.35	2.33
家具制造业	103.86	83.58	21.95	2.17
合计	4 293.87	3 582.1	18	89.73

[1]　资料来源：《2010 年顺德区规模以上工业运行情况简析》。

表 4-5　2011 年顺德区超百亿行业产值一览[1]

行业	2010 年/亿元	2005 年/亿元	平均增长（现价）/%	占比重/%
规模以上合计	4 785.24	1 820.30	21.33	100
十三大行业合计	4 293.87	1 579.08	22.15	89.73
电气机械及器材制造业	2 369.83	849.69	22.77	49.52
♯家用电力器具制造	2 035.43	714.38	23.29	42.54
金属制品业	266.11	68.11	31.33	5.56
通信设备、计算机及其他电子设备制造业	219.03	217.19	0.17	4.58
通用设备制造业	196.82	45.64	33.95	4.11
塑料制品业	193.51	72.73	21.62	4.04
交通运输设备制造业	172.95	38.52	35.04	3.61
工艺品及其他制造业	161.18	25.79	44.27	3.37
纺织服装、鞋、帽制造业	133.50	50.31	21.55	2.79
化学原料及化学制品制造业	126.77	54.78	18.27	2.65
专用设备制造业	126.76	48.29	21.29	2.65
有色金属冶炼及压延加工业	112.17	32.35	28.23	2.34
纺织业	111.38	54.50	15.37	2.33
家具制造业	103.86	21.18	37.44	2.17

　　根据《2018 年佛山市顺德区国民经济和社会发展统计公报》，在规模以上工业增加值中，八大支柱产业增加值比上年增长 8.9%。其中，家用电器制造业增长 9.7%，机械装备制造业增长 8.6%，电子通信制造业下降 0.4%，纺织服装制造业增长 4.2%，精细化工制造业增长 2.8%，家具制造业增长 2.2%，印

---

　[1]　资料来源：《结构优化，成效显著——"十一五"顺德工业发展情况简析》。

刷包装业增长 0.2%，医药保健制造业增长 25.0%。

顺德重点主推的行业是先进机械装备制造业。作为广东省先进装备制造业的重要产业基地，顺德的机械装备制造涉及电气机械、木工机械、机器人等传统与高技术机械行业（见表 4-6）。在家电生产的基础上，顺德的机器人产业蓬勃发展，传统的机械装备制造逐步迈向智能装备制造。

2011 年年底，国家工业和信息化部授予顺德区首个"装备工业两化深度融合暨智能制造试点"。2013 年，顺德成为广东首批"智能制造示范基地"，2014 年，顺德出台《顺德区打造珠江西岸先进装备制造业产业带核心区工作方案》，五年内统筹安排 35 亿元资金扶持机器人及智能装备产业。

2019 年广东省委全面深化改革领导小组发布《中共广东省委全面深化改革委员会关于印发佛山市顺德区率先建设广东省高质量发展体制机制改革创新实验区实施方案的通知》，提出大力推动以智能制造为特色的工业 4.0 发展模式，为高质量发展提供根本支撑，计划在 2022 年打造两大产值超 5000 亿的产业集群，其一是老牌优势家电产业，另一个就是机械装备制造业。

表 4-6　各镇街主导产业（工业）情况

镇街	主导产业	2017 年规模以上工业总产值/亿元
北滘	家电制造、金属材料、装备制造业、工业设计等	2 381
容桂	智能家电、信息电子、机械模具、化工涂料、医药保健及以互联网应用为主的"5+1"支柱产业体系	—
大良	—	389.5

（续表）

镇街	主导产业	2017 年规模以上 工业总产值/亿元
龙江	家具、塑料建材、家电、食品饮料、纺织服装	855.3（2018 年）
伦教	珠宝首饰、机械装备（木工机械、玻璃机械）、电子家电	631.1
杏坛	家电五金、再生塑料、电镀产业、食品加工行业、饲料行业、漂染业	458.1
勒流	交通机械、小家电、家居五金、照明电工等	719.29
陈村	机械装备等	482.2
乐从	家具、汽车用品、卫浴、印刷	——
均安	——	203.6

总体而言，顺德还处于新一轮产业结构调整的关键时期。在实地调研中，可以了解到目前顺德经济发展所面临的主要问题：

（1）土地不足。顺德的土地开发强度接近 50%，环境资源承载压力不断加大，对经济的集约化发展提出更高要求，促使顺德升级改造村级工业园，作为腾出发展空间的关键一步。

（2）人才缺失。顺德临近深圳、广州，人才被一线城市虹吸，导致很多研究平台没有常驻研究人员。由于城市形象、城市基础设施的不完善，顺德对高端人才的吸引力较弱。另一方面，科技创新平台与本地产业的关联性较弱，人才的引入与本地产业的对接还有待加强。

（3）资金匮乏。虽然顺德区政府每年有大量的税收收入，但是留给区级支配的不到 40%（见图 4-5），财政主要依靠的是土地出让金收入（见图 4-6）。随着顺德人民生活水平的提高，顺

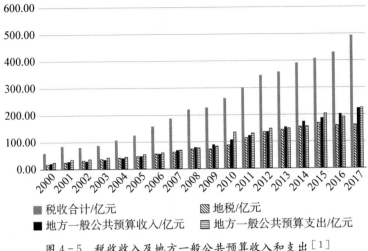

图4-5 税收收入及地方一般公共预算收入和支出[1]

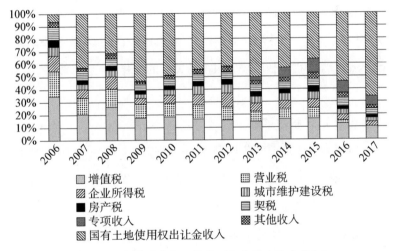

图4-6 主要财政收入构成（含土地出让金收入）

德财政在教育、医疗卫生、社会保障等方面的民生支出只增不减，加上近几年大规模的企业减税降费，导致了顺德财政平衡面

［1］图4-5到图4-6数据来源：SD1907D03003，见书尾附录说明。

临巨大压力。但村级工业园升级改造、产业结构调整正是需要投入大量资金做大项目的时候，因此，资金也是顺德必须面临的约束条件。

政府角色灵活调适

在顺德四十年经济发展的历程中，产业从弱到强，从早期乡镇企业的初步探索，到后来培育出世界 500 强企业和无数行业隐形冠军，都离不开顺德政府的敢于担当与积极作为。

以 1992 年产权制度改革为分水岭，顺德政府在经济发展中的角色经历过一次比较大的调整，作为我国探索社会主义市场经济体制的先驱，当年顺德政府的转型和改革在很大程度上反映了改革开放时期我国基层政府与市场关系的变化。

（一）产权改革前

产权制度改革前的阶段是从 20 世纪 70 年代末到 90 年代初的乡镇企业时期，这一阶段的产业发展以乡镇企业主导，政府深度介入，直接参与企业经营决策。

在这一时期，顺德县委抓住了广东省出口创汇的需求，在推动农村经济体制改革，完善生产承包责任制的时候，大力发展乡镇企业，解决剩余劳动力的问题。县委班子确立了"工业为主，集体经济为主，外向型经济为主"的经济发展道路，提出了一系列的政策手段，包括改善侨务政策，欢迎华侨回乡办企业；打造骨干产业和支柱产业；赴港考察，学习先进技术和管理手段；培训高级企业管理人才；为企业发展争取信贷支持等。这一阶段的顺德政府深度介入乡镇企业的经营发展，带来了乡镇企业的辉煌。

（二）产权改革后

1992年的产权制度改革极大改变了顺德政府与企业的角色，这一阶段地方政府逐步放开了对企业的直接干预，转向扮演宏观调控和组织协调的角色，采用产业政策营造营商环境，促进经济发展。

这一阶段的转型源自之前政府对企业的大包大揽，导致出现了许多不良资产，各种投资热产生的决策失误让政府为企业背上沉重的债务负担。此外，政府干部需要同时兼任企业总经理和业务员，这干扰了政府正常行使社会管理和公共服务的职能。此时的企业已无法真正为经营做主，在剧烈竞争的环境下难以灵活调整，适应市场的需要。

在1992年邓小平同志南方谈话后，广东省委省政府将顺德作为全省的综合改革试点，顺德便展开了以产权制度改革为核心的一系列综合改革。改革从当时的行政管理体制开始，顺德政府剥离自身的企业职能，回归行政职能，削减大量带有计划经济时期色彩的经济管理部门，提升行政效率。顺德还建立了以党委为中心，政府、人大、政协、纪委围绕党委进行分工合作的领导架构，克服互相牵制的情况。

改革后，政府减少了对企业的直接干预，但在顺德经济发展中积极作为的角色却一直没有改变。顺德政府从原先事无巨细的管理，转向了长远性的产业引导、品牌塑造、平台搭建、土地资源保障等工作，形成"政府搭台，企业唱戏"的格局。

顺德经济的整体性治理模式

改革开放以来，顺德的经济经历了四十年的繁荣发展。在改革开放初期，顺德主要依靠得天独厚的区位优势，吸引外资企业发展"三来一补"企业，从而逐步构建起自己的产业体系，赚到了改革开放的第一桶金。那么，在珠三角、长三角等地的其他地市、县区陆续发展起来后，面对越来越多的市场竞争者以及逐渐减弱的区位优势，顺德如何做到长期保持经济发展的优势地位？

在顺德发展历程中，我们可以看到顺德政府扮演了至关重要的角色。在生产要素、区位因素、劳动力等要素对企业不再具备明显吸引力之后，顺德政府构建起的一套成熟完备的经济治理机制和模式便对顺德经济的发展起到了决定性作用。

本节将顺德经济治理的主要特征概括为"整体性治理模式"。这参考了西方公共行政理论与实践的一个新兴概念——"整体性治理"。这一概念来自 20 世纪 90 年代中后期在西方国家开展的一场寻求"公共部门协调与整合机制"的改革运动，这一思想的产生有其特定的时代背景：公共问题复杂化、跨部门公共议题不断增多，单一的政府部门和机构难以独自应对问题，同时政府之外非营利组织、私人机构和资源团体开始发挥作用，于是各个治理主体的协调与整合问题再次受到重视。这种思想的本质是对新公共管理改革过程中严重"碎片化"问题的回应。"整体性治理"思想的核心是以公共问题的解决作为政府一切活动的逻辑起点，通过政府部门内部以及政府内外组织之间有效地"跨界"合作，解决复杂而棘手的公共问题，增进公共价值[1]。

顺德的经济建设所面临的治理环境以及呈现出的治理机制与手段比较契合"整体性治理"的思想内涵。就治理环境和治理任务而言，首先，县域经济治理本身具有整体性、综合性的共性特征。基层治理事项之间往往会呈现出整体性和相互关联性，必须通盘考虑，要有综合、全局的思维[2]。而县域政府是一级权能完整、具有资源经营权和相对独立治理权的政府，相较于上级政府如市级、省级政府或国家职能部门，有着更加独立自主治理的具体职责，与乡镇一级政府相比，其行政结构更完整，管辖权限更大，可以完成乡镇不可能承接和完成的统合治理任务[3]。其次，针对顺德区情而言，顺德进行整体性治理的基础条件比较充分。顺德经历过 1992 年、2009 年和 2019 年的三次行政管理体制改革，行政组织内部的结构调整较为灵活，资源的协调整合较为顺畅，为政府内部整合提供了有利条件。此外，顺德的工商业历史文化悠久，在改革开放后又经历了长期的经济高速发展，作为治理主体的企业组织和社会组织发育较为健全完善，能够协助政

[1] 胡象明，唐波勇. 整体性治理：公共管理的新范式 [J]. 华中师范大学学报（人文社会科学版），2010，49（1）：11 - 15.
[2] 欧阳静. 县域政府包干制：特点及社会基础 [J]. 中国行政管理，2020（1）：25 - 29.
[3] 折晓叶. 县域政府治理模式的新变化 [J]. 中国社会科学，2014（1）：121 - 139＋207.

府承担较多的治理事务，这也为政府、企业、社会组织等多主体的整体性治理奠定了基础。

就治理机制与手段而言，顺德的经济治理模式呈现了四个具体特征。

（1）动员式行政。顺德政府的行政组织体系呈现出灵活、高效的特征，在应对中心工作时，能够快速反应，打破部门壁垒，整合组织各层次、各部门的资源。这种行政资源的内部整合并不是临时性和应激性的，而是已经常规化、制度化，形成了一种应对急难险重的治理议题时的模式。这种动员模式主要通过三个治理机制实现，一是目标设定机制，通过党委政府对治理任务进行优先性排序；二是压力传导机制，通过目标责任制、督查机制等手段确保组织的执行力；三是资源整合机制，通过领导小组、领导挂点包干制等机制灵活调配和整合体制内的资源。

（2）市场化运作。顺德的经济治理呈现出广泛运用市场化方式运营的特征，即积极寻求与市场主体之间的利益共同点，利用财政政策、金融政策等手段鼓励、扶持企业参与经济治理，充分调动企业的积极性。此外，广泛采取服务购买的方式，将部分公共服务供给外包给专业的运营服务公司，减轻行政负担。

（3）多元化参与。顺德当地的社会力量发展较为成熟，各种企业家协会、商会，如区工商联、区青年企业家协会等团体非常发达，在经济治理中，顺德政府经常与这类组织展开密切合作，借助他们的专业能力以及社会关系网络，为企业提供精准服务，了解企业的需求，提高公共服务质量。

（4）服务者定位。整体性治理思想的逻辑起点在于现实问题的解决，对多方资源的整合成为必然选择。与之类似，顺德政府积极有为的整体性治理正是围绕解决企业问题而展开的。在1992年的产权制度改革后，政府与市场之间的关系发生了巨大的变化，政府逐渐不再直接干预企业经营，但这不意味着政府在经济治理中角色的弱化。顺德政府将自己重新定位为企业的服务者，将为企业营造优质的成长生态、提供精细化的服务以及建构综合服务体系作为自己的使命，不断完善企业服务。从改革开放初期开始就采取了一系列超前做法，如侨务政策、产业定位、对外考察、人才培养、争取信贷培训等。到今天，顺德的企业依然可以享受到建档立库精细管理、财政政策、金融政策等一整套成熟的服务政策，至今仍能够为许多地方所学习借鉴。

接下来，本节选用了村级工业园升级改造和企业"小升规"两个经济建设案例来说明顺德区政府在推动经济建设工作的过程中如何组织和动员县域资源，采取了哪些政策手段来进行经济建设。

村级工业园升级改造

（一）任务环境：议题急难，顶层重视

1. 地方发展的迫切需要

村级工业园是顺德早期产业发展的摇篮，孕育出了不少知名的本土企业，也为顺德的经济腾飞做出了不可磨灭的贡献。但在"村村点火、户户冒烟"的粗放发展模式下，村级工业园也暴露出了种种问题，成了顺德在新时代实现产业结构调整、走向高质量发展的最大绊脚石。

首先，土地资源紧缺问题与村级工业园密切相关。顺德土地开发强度高达 52％，许多企业面临希望增资扩产却没有空间的问题。由于土地空间有限，大量项目难以落地，有 20 多个企业陆续离开了顺德，而它们的总产值超过 500 亿元。在这种情况下，向土地利用效率低下的村级工业园寻求拓展空间成了顺德的必然选择。据统计，全区 205 个村委的 382 个村级工业园，占地 13.5 万亩，占用顺德已投产工业用地面积的 70％，却只贡献 27％的产值和 4.3％的税收[1]，村级工业园的低效用地问题成了制约顺德进一步发展的绊脚石。

其次，村级工业园存在安全生产和环境生态方面的巨大隐患。根据统计，全区工业企业超过 3 万家，其中近半位于村级工业园，总体上以安全管理差、设备技术落后、专业人才缺乏、工艺风险高、安全隐患大的低端小微企业为主[2]。根据市安全监管局发布的《佛山市村级工业区安全现状调查及对策建议》调研报告统计，"十二五"期间全市发生较大以上生产安全事故 12 起（不含交通事故），共 8 起发生在村级生产经营场所内，均为在不具备基本安全生产条件的情况下进行的生产经营活动[3]。

最后，村级工业园严重制约了顺德城乡生活品质的提升。由于早期城市规划布局的不合理，"工业园区"式的城乡形态在多

---

［1］ 陈春花等. 顺德 40 年：一个中国改革开放的县域发展样板［M］. 北京：机械工业出版社，2018：290.

［2］ 资料来源：SD1907D01002，见书尾附录说明。

［3］ 新浪网：过去 5 年佛山发生 12 起较大以上生产安全事故，2016 年 1 月 18 日，http：//gd.sina.com.cn/fs/yaowen/2016-01-18/city-fs-ifxnqrkc6570665.shtmlHYPERLINK.

年以来一直没有得到根本性改变，这一方面难以满足人民对美好生活的需要；另一方面严重限制了对各种人才，特别是高新技术人才的吸引力，从而制约了顺德的产业转型。区委书记明确表态：顺德不能拖着这样低端的村级工业园进入现代化，也进入不了现代化。

2. 高层政府的密切关注

2018 年 3 月 7 日，习近平总书记在十三届全国人大一次会议参加广东代表团审议时提出，要以壮士断腕的勇气，果断淘汰那些高污染、高排放的产业和企业，为新兴产业发展腾出空间。

村级工业园的低效用地问题在广东全省，尤其是珠三角地区普遍存在，作为一项牵一发而动全身的工作，很多体制上的难题有待破解。顺德主动向广东省申请率先建设高质量发展体制机制改革创新试验区，并获得了同意。

2018 年 3 月，广东省委书记李希来到顺德视察，对顺德的村级工业园改造表示了充分肯定。同年 4 月，佛山市委书记鲁毅到顺德调研，了解顺德在推进村级工业园改造上的思路和措施。同年 9 月，广东省正式批复顺德率先建设广东省高质量发展体制机制改革创新实验区，赋予顺德 18 项政策支持和权限突破。

高层政府的频繁密切关注都不断地向顺德政府释放了明确的政治信号，为后续的升级改造提供了坚实的政治保障。

3. 升级改造的重大困难

村级工业园积弊已久，其升级改造（下文简称"村改"）面临着很大的困难。由于村级工业园用地权属比较复杂，涉及相关利益群体比较多，还存在分散、难以连片改造等问题。《顺德区率先建设广东省高质量发展体制机制改革创新实验区一周年报告》回顾了改造初期的"五大难"：一是由于村级工业园的土地权属复杂、利益群体博弈难解、社会稳定压力较大等因素，干部队伍信心严重不足，普遍存在畏难心理；二是村集体及村民存在顾虑，担心改造周期长，收益得不到保障；三是厂房业主和企业普遍认为改造触及其自身利益；四是社会资本观望情绪浓厚，认为改造成本高昂；五是存在许多体制机制障碍，许多问题在现有政策框架内无法解决。

可见，村级工业园的升级改造是一个具有综合性和复合性的复杂政策议题，涉及社会民生、社会稳定、招商选资、产业发展、城市规划、乡村振兴、生态保护、基层政权建设等多个方面，关系数以万计的大中型企业、村民和各级政府，其复杂性并非一般的治理议题可以比拟。

简言之，在村级工业园升级改造面前，顺德政府被置于一种复杂的治理环境中：一方面要满足地方高质量发展的迫切需要和回应高层政府的密切关注，这为改造提供了强大的动力和支持，同时也带来了巨大的压力。另一方面，要直面仅凭常规治理模式难以解决的巨大现实困难。这两方面的治理情境意味着顺德区政府有充分的动机和能力突破常规，也必须要采取超越常规治理的治理机制和手段，才能在较短时间内较好地完成村级工业园的升级改造工作。

（二）目标设定：党委领导，确立中心

县域治理中有各种各样、大大小小的事务，但治理资源是有

限的，政府要如何理顺事务的轻重缓急，集中力量办好大事？这里的关键在于县级党委。

县级党委在县域治理中起到统揽全局的领导核心作用，是负责确立和部署全县中心、重点任务的关键角色。确立中心工作的具体形式往往是一把手在县委会议上表态，或者是领导班子发出指示批示。一项任务一旦被确立为中心工作，其治理就会具有跨部门、跨专业、无条件、短时限的特征，县政府可以顺势启动非常规治理[1]。

在正式推动村级工业园升级改造伊始，顺德政府就在 2018 年 1 月的区党代会上将村级工业园改造列为全区"头号工程"，并在 2019 年 4 月召开了村级工业园升级改造千人动员大会，区委区政府在会上正式将村级工业园列为全区的"头号工程"，十个镇（街道）负责人在此次动员会上台誓师表态。在此后的座谈会、现场工作会上，区委书记亲自向政府干部、企业代表、媒体等多方人士多次强调村级工业园改造的重要性，表示村级工业园是制约顺德未来发展的主要矛盾和问题所在，也是未来发展的潜力和机遇所在。

村级工业园已经成为当前和今后顺德发展大局中牵一发而动全身的关键矛盾和问题，不面对就是对顺德群众的不负责任，是对顺德历史的不负责任，更是对顺德未来的不负责任……头号工程就要有头号工程的姿态，区镇村主要领导要在思想上、工

---

[1] 杨华，袁松. 行政包干制：县域治理的逻辑与机制——基于华中某省 D 县的考察 [J]. 开放时代，2017（5）：182-198+9.

作上把村级工业园改造摆在极其重要的位置，要把村级工业园改造这个头号工程紧紧地拎在手中，作为工作的着力点和出发点。[1]

这种频繁、密集的一把手站台，以及颇具仪式性的集会都在向全区政府乃至全社会释放强烈的信号，通过持续不断的宣传，赋予村级工业园改造项目同其他治理事务之间不一样的特殊意义，使该项目成为在接下来的县域治理事务中最重要的中心工作，也为后续各种政府组织内部的人、财、物、注意力资源倾斜，以及治理手段的多样化、非常规化提供了合法性支持。这些在常规治理中是难以想象的。

（三）压力传导：专项核查，督促落实

在县域治理中，目标责任制是推动中心工作落实的一种常见的压力传导机制。它指的是上级党委政府将所确立的行政总目标逐次分解和细化，形成一套目标和指标体系，以此作为对各级组织进行考评、奖惩等管理的依据，并以责任书的形式在上下级党政部门之间层层签订[2]。

首先，进行任务分解，形成指标体系。在村级工业园改造中，根据《顺德区村级工业园改造提升实施意见》，顺德区委区政府对村改事务进行目标分解，各个部门按照职责制定配套政

---

[1] 资料来源：SD1907D01001，见书尾附录说明。

[2] 王汉生，王一鸽. 目标管理责任制：农村基层政权的实践逻辑 [J]. 社会学研究，2009，24（2）：61-92＋244.

策，落实相关工作（见表4-7）。由区产保办、区绩效办明确量化责任、目标和具体考核指标，并纳入区属部门和镇街考核体系。在顺德内部的政府考评方案中可以看到，村改被放在专项考评中独立出来，被赋予了更重要的地位（见前文表3-3）。

表4-7 顺德区村级工业园升级改造责任分解示例（自制）

项目	具体内容	责任单位	配合单位
全面管控产业用地	严格落实《顺德区产业发展保护区规划》，对根据规划确定的产业集聚区、产业过渡区和产业整治区实施升级改造。产业集聚区内严控新增经营性房地产项目开发，保证产业用地只增不减；符合条件进行升级改造的村级工业园优先给予完善用地手续，涉及需保留建筑物的，按照《佛山市顺德区人民政府关于妥善处理违法建设工程的通知》（顺府发〔2017〕13号）有关规定完善用地、规划、不动产登记等手续，有序引导产业优化升级，新增产业项目须向产业集聚区内集中，入园统一管理	区村级工业园升级改造工作领导小组	区发展规划和统计局（城市规划）、区经济和科技促进局（经济科技）、区国土城建和水利局

　　其次，进行组织检查和考评。在日常的检查考评之外，顺德区委政府还建立了由区委、人大、政协领导牵头的协调督导机制，强化对村改工作的督促落实力度。组织区班子领导、人大代表、政协委员牵头的五个基层大治理督导指导组，代表区委区政府及时督导、指导各镇街村级工业园改造工作，到各个镇街重点巡查评比。区委书记表示，区委需要将把村级工业园改造这个主战场作为培养干部、锻炼干部的重点，作为考察各镇街党委书记、镇长和领导班子，考察区直相关部门工作精神状态、有无担当的一个重点。

　　自村改正式展开后，顺德还召开了多次现场工作会，这起到了一把手巡查的作用。这种现场集会形式的最大特点是改变了干部坐在会议室里听报告的传统方式，转为由区委书记率各部门负责人和镇街党政一把手，直接深入镇街村级工业园改造现场巡查，召开现场工作会议。在会上，各区属部门负责人和各镇街书记需要汇报村改工作情况、经验及下阶段工作突破思路。在这个过程中，区委书记亲自前往巡查点盘问，要求区各相关部门现场答复，有效传导了中心工作落实的压力。

（四）资源聚焦：行政动员，重构体系

1. 领导小组：指挥中枢与协作平台

临时性的议事协调小组是一种颇具中国特色的治理机制，通常在应对阶段性重点中心工作以及进行专项治理时被采用。在常规的行政科层制之下，不同的部门之间进行专业分工，职责分明，由于业务范围不同和各自利益分割，协作意愿并不强。当面对类似村级工业园改造这类涉及多部门、宽领域资源调配和信息共享的重点工程时，如果由职能部门之间进行协商，出现推诿扯皮现象的可能性很大，信息成本非常高。因此，针对村改这一中心工作，顺德区政府绕开可能陷入组织困境的常规科层体制，专门成立了村改领导小组，负责统筹安排村级工业园升级改造的各项工作，便于调配资源、集中各部门注意力。

村改领导小组以区委书记和区长任双组长，负责高位协调部门之间协作，重新整合资源。在实地调研中，有官员对此表示："这个（村改）是很难改的，涉及很多利益关系……如果不是书记反复强调，一把手不重视是很难办成事情的。"

该小组还吸收了区人大、政协、环保、安监、消防、国土、规划、发改等部门代表，这些部门作为领导小组的成员单位，可以发挥各自优势资源。比如环保、安监、消防等部门涉及村改的执法，人大、政协涉及招商引资和项目协商问题。

在村改领导小组之下，还成立了村改办公室，下设在区政府办公室，负责完成村改领导小组的日常工作部署。该办公室抽调了各部门精锐骨干，常设三十多人。由一位区委常委担任办公室主任，并由一位区委区政府办副主任同区市场监督管理局局长、区经济促进局局长、区自然资源局局长担任副主任。办公室下设项目策划组、审批立项组、联合执法组、招商建设组、政策规划组、综合协调组等六个工作小组，由四位副主任担任小组组长。

村级工业园改造中的事务被分解到六个工作小组，由小组组长、副组长跟进，工作小组事务与组长、副组长原所属部门业务相关，他们可以发挥所属部门专长支持村改工作。比如招商建设组领导班子基本由经促局领导班子构成，负责统筹协调全区村级工业园升级改造项目的招商引资和产业转型升级等工作，与经促局业务高度契合。

2. 领导包干：强化责任到人

行政包干制是县域治理中针对中心工作采取的另一种重要机制，其特点是上级组织将重点任务中的关键治理内容和治理环节分包给下级组织和个人，在招商引资中体现为包重点企业、重点项目，在信访治理中体现为包村、包案[1]。

---

[1] 杨华，袁松. 行政包干制：县域治理的逻辑与机制——基于华中某省D县的考察[J]. 开放时代，2017（5）：182-198+9.

顺德实施了示范项目的局长挂点包干。区委书记在动员大会上表示，区几套班子、各部门和镇村要联动，形成合力，区委区政府不能只提号召、给任务、抓验收，而是要与镇、村站在一起。区委区政府选派国土、环保、安监等 10 个职能部门分管副局长各 1 名驻点镇街，挂点 10 个重点示范项目，结对共建，指导和协助镇街。

3. 抽调精干：资源下沉镇街

镇街是推动顺德村改工作的主阵地和主战场。中国各级政府之间在结构上具有上下对口、职责同构的特征，在顺德区级层面成立领导小组后，镇街一级也同样成立了对应的领导小组，并由地方党政一把手担任领导小组组长，以便在镇街层面整合资源，提升重视程度。

顺德区还专门从原有的常规治理序列中抽调精干，参与镇街的村改工作。2019 年 5 月，区委区政府从区属部门选派 100 名优秀青年干部到各个镇街的村改办开展工作，直接参与项目策划、招商、执法、宣传等一线工作，组织动员并帮助企业和群众。

下到村居一级，区政府再选派 109 名中青年干部担任村居（社区）的第一书记，负责将区里村改的思路传达到基层一线。全区超过 1000 名干部奋斗在村级工业园改造一线战场。

抽调精干力量到基层有几点考虑：一是原先的基层党干部年龄偏大，不足以适应高强度的攻坚克难工作，抽调青年骨干可以充实地方机构，直接壮大了完成专项中心任务的组织力量；二是将区级的政策意图直接传达到地方，实现领导意志的直观化，避免了常规治理中政策意志层层下达、层层扭曲弱化的情况，在功能上相当于直接向下派驻区级的工作组兼督查组；三是可以借此机会在实战中锻炼青年干部，储备后备干部。

4. 部门联动：组织结构重组

案例一：联审会议机制

企业投资项目审批是行政审批体系当中最为复杂的部分，企业项目行政审批程序过于烦琐、周期过长是困扰商事主体的老大难问题，区域营商环境有众多影响因素，但在很大程度上取决于行政审批这一关键环节。

顺德村级工业园改造涉及部门主体多，涉及工程报建环节较多，按照常规的行政审批程序耗时较长，会严重延误村改进程，抬高开发成本。顺德为此启动了企业投资建设项目的"1121"改革，实现企业投资一般工业项目从办理立项到取得施工许可的行政审批在 11 个工作日内完成，房建类建设项目在 21 个工作日内完成，报建审批时限缩短 50% 以上，政府投资工程建设项目从立项到竣工验收的评审审批时间控制在 60 个工作日，是全国改革目标 120 个工作日的一半。比如，万洋众创城项目实现了 9 天完成开工手续，动工后 90 天已有多栋厂房封顶的"顺德速度"[1]。

取得上述成绩的关键是县域政府的组织体系针对专项治理事务进行了灵活重组。为了给审批方面提供快速通道，顺德建立了联审会议机制，由区委副书记为主召集人，分管国土、规划的副区长为副召集人，区委、区人大、区政府、区政协领导及国土、规划、经科、财政一把手固定列席，其他各相关单位共同参与，

---

[1] 资料来源：SD1908D03001，见书尾附录说明。

根据实际议题随机增加区纪委、审计等部门为列席成员。

该联审会议由多部门集中审批，面对面解决问题。具体运作有专项性、机动性、一事一议的特征，要求一次性集中力量解决主要问题。比如根据"一园一策"原则，对于因相关审查、审批的依据或标准、规范缺失或冲突而导致推进困难的项目，由联审会议讨论明确。根据项目建设需要，按"容缺审批"原则先行批准有关审批事项，经联审会议"一事一议"研究后，集体决策加速项目推进；联审事项还以项目为王，要求一次性申请整个项目的各类问题。

案例二：联合执法机制

县域治理中的执法问题常常涉及属地政府和垂直管理部门的协作问题（常被称为"条块"协作）以及部门与部门之间的协作问题，但由于政府体系的"条块分割"和"部门分割"，反而容易恶化为互相推诿[1]。比如，国土资源部门将其本职的监管事务以属地管理的方式推脱给街镇政府，但相应的执法权却依然掌握在手中，街镇政府由于缺乏执法权而难以有效进行属地管理，变成了"看得见却管不了"的局面。再如，安全监管、市场监管、消防等部门存在的职能交叉问题，在实践中变成了互相推脱、卸责。

为了解决这个问题，中国政府在治理实践中会采取跨部门、跨条块的运动式执法机制，通过成立议事协调结构来解决此类协调问题。在顺德村级工业园改造中，政府专门设置了联合执法机

---

[1] 叶敏. 城市基层治理的条块协调：正式政治与非正式政治——来自上海的城市管理经验[J]. 公共管理学报，2016，13（2）：128-140+159.

制，出台《顺德区强力实施"三个一百天"村级工业园安全与环保执法和源头整治攻坚工作方案》，该方案强调要发挥好安全生产与消防、环保部门的作用，根除严重环境污染，消除重大安全隐患。顺德区将建立联合执法工作机制，由区安委办牵头，实行安全监管、环保、公安、消防等部门轮流牵头，市监、税务、供水供电等必须作为配合部门参与，重点整治纳入产业发展保护区的首批村级工业园，即全区不少于50个以及面积分别不少于300亩的村级工业园[1]。

在运作过程中，区领导轮流带队联合执法，书记、区长等领导先后带队开展联合执法行动20余次，共计检查企业7052家次，发现隐患17154处，下达执法文书7720份，关停淘汰落后风险企业1362家，经济处罚253家，罚金653.8万元[2]。

除了部门横向之间的协作，区级职能部门和街道之间也有密切的"条块"协同。顺德各相关部门、镇街齐行动，拆除旧厂房、开展联合执法。在行政执法的交叉领域，加强市场监管、公安、环保等部门合作，综合运用监督、打击、维稳、教育等手段，发挥联动治理功效，提高行政效率。

（五）多措并举：市场主导，寻求共赢

在县域治理中，县域政府的政策工具箱中有许多工具选择，

---

[1]　佛山日报：《顺德全面部署村级工业园升级改造　区镇村狠抓落实》，2018年4月17日，http://gd.sina.com.cn/news/sd/2018-04-17/detail-ifzihnen7502538.shtml?from=gd_cnxh.

[2]　资料来源：《村级工业园升级改造工作简报》。

其中包括行政手段、市场手段和社会手段等。政府对治理工具的选择决定了政府与市场主体和社会主体之间的关系。自1992年的产权综合体制改革开始，顺德就是中国最早实施政企分开、政资分开，探索构建全新的政府与市场关系的地方之一。

自20世纪90年代产权制度改革后，民营经济就一直是顺德经济的顶梁柱，以前是这样，现在是这样，以后也是这样。[1]

企业是国民经济的细胞，是最大的市场主体。顺德的企业之所以对顺德的营商环境赞不绝口，正是政府和企业之间建立了良性的互助关系，政府区委书记在多次企业座谈会上都强调了企业在顺德经济发展中的重要性，不断重申顺德政府作为企业服务者和营商环境营造者的定位。

（顺德）有今天正是因为有千千万万的企业家，企业家是顺德这片天的"擎天柱"，呵护好、服务好企业和企业家是党委政府的天职……我们将牢固树立尊商、敬商、亲商、爱商的理念，着力营造务实高效的服务环境，着力营造公平公正的法治环境，着力营造健康有序的市场环境，着力营造充满活力的人才环境，着力营造诚信包容的社会环境，在全社会形成关心企业、支持企业，尊重企业家、爱护企业家的浓厚氛围，为企业发展壮大提供充足的阳光、丰沛的雨露、肥沃的土壤[2]。

---

[1]　资料来源：SD1907D01001，见书尾附录说明。

[2]　资料来源：SD1907D01001，见书尾附录说明。

从村级工业园升级改造的施政方针和实践案例中，充分体现出了政府的角色定位。顺德村改的方针是"政府引领、市场主导、拆建并举、专业运营"，可见其主要方向之一是坚持市场化的改造原则，激发企业家和市场的活力。同时，政府也充分发挥了引领作用，为顺德村改提供了有力保证。在治理实践中，顺德政府的角色体现在几个方面：顶层规划、市场手段、行政手段、社会手段。

1. 顶层规划：把握宏观方向

在顺德村改中，区政府的首要角色是对村改的整体走向制定宏观规划，其中包括几个方面：第一是确立和强调"工改工"的用地指导思想，将腾出的土地空间主要用于民营企业增资扩产和引入先进的制造业，严控"工改商"和催生工业地产的倾向；第二是优化整体用地布局，进行土地的集约利用管理，坚持连片改造的工作思路，重点攻坚连片规模村改项目；第三是设立进入工业园区的门槛条件，在产业类别、投资强度、产值、税收、容积率、建筑密度、环保、安全基础设施等方面制定入园标准，确保入园企业质量。

2. 市场手段：寻求利益共赢

顺德村改坚持市场化改造原则，市场手段是村改策略中最主要的部分。

资金不足是阻碍顺德村改的重大难题，对旧产业园区的清拆需要大量投入，造成了后续的产业招商难度较大，同时导致了村集体和村民的拆迁意愿不高。因此，如果政府力量不介入，单纯依靠市场主体的自发行为推动村改并不现实。但政府的推动也需要符合经济发展规律，寻求与企业、村集体之间的利益共赢，构建起利益共同体。顺德区委书记的一段话直观地呈现了在村改过程中政府和市场主体的基本关系：

> 我们顺德根本的核心竞争力在企业、企业家，村级工业园改造怎么样让企业家参与进来，怎么样把社会的力量调动进来，这一直是我们去年以来苦苦追求的……市场要有利可图，要求发展它才来，它不是做公益，一起联动开发，这非常好，我们一切的政策都是围绕着调动市场力量。村级工业园改造、高质量发展如果市场力量不能调动进来，那离成功遥远得很，靠我们政府、靠我们财政、靠我们的国资是不可能的。当然，我们政府要强力推动我们的财政、我们的国资来撬动。[1]

如前所述，顺德区政府的财政资源非常有限，在维持县域治理事务正常运转的前提下，开展村改还需要大量资金投入。在《关于进一步加大村级工业园改造资源统筹的工作方案（2018—2020）》中，顺德区政府计划要形成300亿元的资源规模投入村级工业园改造，这部分资金的来源构成非常多样化。

首先，顺德区政府加大了区镇（街道）财政转移支付，充分动员国资企业参与到村改中，引入央企、区外国企，以撬动社会资本投入。据统计，2018年区级财政资金共投入22.86亿元，撬动社会资本投入约55.63亿元。这部分资金的投入是有选择性

---

　[1]　资料来源：SD1907D01003，见书尾附录说明。

的，对改造方向为工业和复垦复绿的项目进行重点扶持[1]。其中，安排 5 亿专项扶持经费，对各镇（街道）连片改造、对形成规模效应的项目推进予以资金扶持；安排每年不低于 30％的土地收储资金用于村级工业园升级改造，下拨区土储资金 17.54 亿元至镇街（容桂细滘 9.32 亿元、伦教北海 2.7 亿元、乐从细海 3 亿元、龙江仙塘 0.7 亿元、杏坛高赞 1.82 亿元），于 2019 年加大政府贴息、奖补力度，区、镇按 7∶3 出资比例，对村改项目进行扶持，年内撬动不低于 70 亿元社会资本参与村改。

其次，顺德区政府还采取了多种资金筹措手段。一方面是整合申报内容相近的政策项目，利用棚户区改造、乡村振兴、特色小镇等项目的政策性资金以及创新创业投资基金，打包项目资金支持村改；另一方面，以政府为担保，向金融机构争取政策性贴息贷款或低息贷款投入村改。

再次，在镇街、村集体与企业间的利益补偿方案上，顺德区充分鼓励各镇形成各具特色的利益分享和补偿模式，一方面能够尽可能地推动改造，降低成本；另一方面兼顾各方利益，不与民争利，维持社会稳定大局。根据具体情况，顺德政府探索出了六种模式[2]：

一是企业长租自管模式。由政府引导，对产业进行定位，经村集体表决通过后，公开引入社会资本（企业）长期租用，进行土地整理、开发建设、运营管理及招商，解决集体土地及物业难

---

[1] 资料来源：《村级工业园升级改造工作简报》。

[2] 资料来源：《"凤凰涅槃迎新生 高质量发展创未来——顺德高质量推进村级工业园升级改造工作情况"》。

以融资的问题。

二是政府统租统管模式。由政府引导、国资介入，经村集体表决通过后，以流转形式由国资开发建设，提前支付一定土地租金，逐年支付剩余租金。这种模式一般用于社会资本介入土地改造意愿不强、村集体难以选定合作方的情况。

三是直接征收开发模式。经村集体同意后，将集体土地转为国有，给予村集体的村民相应补偿和安置，再以公开出让的方式进行开发建设。

四是政府挂账收储模式。由政府进行统筹，经村集体或全体股东表决同意后，土地由集体转国有，政府、土地储备机构与权属人签订收储协议，暂不支付补偿款，土地公开交易后，出让金由政府与原权属人按政策规定分成。

五是企业自主改造模式。政府统一规划，政策扶持，确定产业准入条件，统筹公共配套设施和市政设施建设，提升园区建设及运营水平，引导业权人自发改造。

六是生态复垦复绿模式。对土地进行减量规划，通过城乡建设用地增减挂钩相关政策，由政府主导直接征收，不再用于工业、商业用途，开展生态修复、复垦复绿。

3. 行政手段：依法强力推动

如前所述，在顺德村改中，区政府的行政手段集中体现在行政审批程序的效能提升以及强力的联合执法上。其中的执法手段具有强制性，一方面可以在短时间内起到扫黑除恶、清拆有隐患的违章违法产业的作用；另一方面是"疏拆结合"，较为刚性的执法同较为柔性的市场手段相结合使用，倒逼落后产能的企业主进行谈判，抑制漫天要价，降低改造成本。

4. 社会手段：调动协会积极性

顺德有着悠久的商业传统，在改革开放四十年间孕育出了像何享健、杨国强、方洪波等优秀本土企业家，这些本土企业家在家乡建设方面做出了巨大贡献，除了财税就业方面的直接拉动作用，他们还投身于大量的社会公益事业，同时还加入了当地的企业家协会，形成了企业家之间紧密的社会关系网络。

顺德当地各种企业家协会、商会，如区工商联、区青年企业家协会等团体非常发达，这些协会将一个个孤立的企业聚合起来，向政府表达自己的合理诉求，政府也将它们作为和企业间沟通的重要桥梁纽带。

在村改中，这些协会的作用不容小觑。如在北滘镇的村改过程中，北滘总商会协助镇政府开展会员企业调研，并形成专题调研报告，最后由政府与总商会选择陈大滘工业区作为北滘村改突破口。后续的商业合作同样由总商会的会员企业出资成立项目公司，与北滘镇镇属公有企业合作成立项目管理公司，再与北滘镇政府签订村级工业园改造项目责任书。

企业"小升规"

虽然村级工业园升级改造作为近年来顺德区政府的头号工程，政府在治理手段上可能存在一定的特殊性，但如果关注顺德区政府开展的另一项经济建设工作——企业"小升规"——就会发现，其中所采用的治理机制和手段有许多共通之处，可见这些手段经常用于顺德的县域经济治理工作中，共同呈现出"整体性治理模式"的特征。

"小升规"是指主营业务收入达2000万元以上的小微工业企业主动到统计部门申请成为规模以上企业（见图4-7）。如果说村级工业园升级改造是通过腾出空间来为高质量发展提供增量，那么"小升规"可以视为从现有的存量入手，扶持小微企业成长，这项工作是顺德企业服务的重要组成部分。

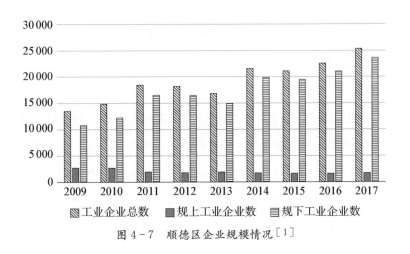

图4-7　顺德区企业规模情况[1]

（一）目标设定："戴帽竞争"

政府资源是有限的，但治理事务层出不穷，如何分配资源便成了关键。中国政府行为的一个重要特征是注意力的"戴帽竞争"，也就是职能部门本可利用部门的业务指导权开展工作，却选择借助党委政府的权威地位推动工作。从以党委名义推动工

[1]　根据《顺德年鉴》（2009—2017）编制（规下工业企业数不含个体企业）。

作，到以政府名义推动，再到以职能部门的名义推动，能够得到其他部门的注意力依次减弱，因此，职能部门往往要想方设法让自己部门的业务"戴上党委政府的帽子"，被确立为中心工作，以求得更高的重视度[1]。

在顺德"小升规"案例中，虽然这项工作属于佛山市工业和信息化局与区经济促进局的部门业务，但在推行过程中却需要大量其他部门的协调，比如财政部门、税务部门和统计部门，以及更了解企业情况的下级政府的协调帮助。在佛山市，这项工作经过了市领导的确认，成为一项中心重点工作，因此得以广泛调动各部门以及镇街领导班子的注意力资源。

具体做法是通过领导表态、专题会议以及批示来激活注意力的"戴帽竞争"：佛山市市长在 2019 年 7 月 23 日召开关于"小升规"工作的专题会议，要求各区务必高度重视，切实增强责任感和紧迫感。接着由市政府办公室下发市领导的批示件到顺德区府办公室。顺德区委区政府在接收到来自市层面的信号后，继续在本级将"小升规"工作纳入年工作重点，由区政府印发《佛山市顺德区 2019 年促进小微工业企业上规模实施方案》（简称《实施方案》）。通过这一轮组织运转，"小升规"也从部门业务变成了一项全区范围内的中心工作。在后续的经济形势工作会议上，顺德区对"小升规"工作进一步强调，并为各个部门、镇街设置了时间限制。

《实施方案》的重点任务分工中的一个细节也体现了区职能

---

[1] 练宏. 注意力竞争——基于参与观察与多案例的组织学分析 [J]. 社会学研究，2016，31 (4)：1-26＋242.

部门在推动工作时对于区委以及区政府的依赖：在重点任务分工中（见表4-8），区经济促进局负责的是"小升规"目标任务的分解，在责任单位一栏，区经济促进局五字附带了一个括号，写着"提请区政府下达"。可见职能部门对区政府给"小升规"工作"戴帽"以调动其他部门、镇街注意力的需要。

表4-8　2019年顺德区"小升规"重点工作任务分工[1]

要求	工作内容	责任单位	时间
建立并滚动修编各区后备企业库	分解下达预期目标任务指标和后备企业名单到各镇（街道），并报市工业和信息化局备案	区经促局（提请区政府下达）	7月
	定期更新全区工业企业名单、后备工业企业名单	区市场监管局、区统计局	每月
	定期更新后备工业企业（年营收2000万以上及有望达到2000万）名单	区税务局	每季度
扎实开展后备企业培育工作	加强实地走访和企业调研工作，收集并解决企业在小升规前后面临的突出问题	各镇（街道）、区经促局	按需
	汇总涉企优惠政策措施	区经促局、区统计局、区税务局，各镇（街道）	7月
	修编涉企优惠政策措施，制定并落实对升规企业的奖励资金政策	区经促局、区财政局	8月
	广泛开展政策宣贯和专题培训活动	区经促局、区统计局、区税务局、各镇（街道）	全年
	认真做好后备企业的培育工作	各镇（街道）	全年

————————

[1]　资料来源：《佛山市顺德区2019年促进小微工业企业上规模工作实施方案》。限于篇幅，该表只呈现了部分有代表性的"小升规"重点工作任务。

（二）压力传导：强化督查

2019年佛山市及各区净增规上工业企业预期目标任务指标为全市1500家，其中顺德区566家。与村级工业园升级改造工作类似的是，任务被分解到各个部门、镇街（见表4-9），区政府督查部门则负责加强对各镇（街道）及区各有关部门的"小升规"工作进展情况的检查，不定期通报各镇（街道）"小升规"工作进度，对典型做法和先进经验进行总结和推广。

表4-9 2019年顺德区"小升规"各镇街任务分配额 单位：家

全区	大良	容桂	伦教	勒流	陈村	北滘	乐从	龙江	杏坛	均安
566	63	71	57	64	57	71	27	57	42	57

（三）资源整合：行政动员

1. 区镇部门协调

在2019年8月，顺德区召开了经济形势分析会，该会议要求各镇街和相关单位主要领导及经济统计分管领导参会，会议对"小升规"工作进行了再次强调，要求建立区统筹、镇发力、部门协同的联动格局。这一举措可以视为对"小升规"作为中心工作地位的再次确认，并试图通过会议的形式对各部门、各镇街的资源进行进一步的整合，打破部门之间的壁垒。

2. 领导挂点包干

根据经济形势工作会提出的"个个头上有任务、人人肩上有担子"的原则，顺德区建立了镇街领导班子挂点企业制度，将目标任务分解至全体班子成员，并细化具体责任。除此之外，区分管领导及各局（如税务局等）相关班子成员也须挂点镇街（见图 4-8、表 4-10）。镇街挂点领导需要实地走访和进行企业调研，收集企业在"小升规"前后面临的突出问题，能解决的集中力量解决，不能解决的及时上报部门协调处理。这种领导挂点包干的组织机制在顺德区政府应对中心工作时经常被使用，任务在镇街全体班子成员中的分包体现了政治化运作的"去专业化"特征，但在任务分配的过程中也会根据镇街的工作能力进行分包。

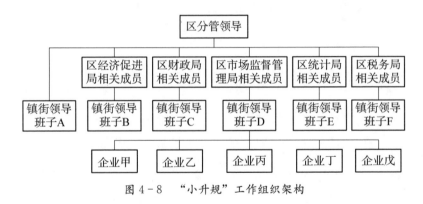

图 4-8 "小升规"工作组织架构

表 4-10 顺德区"小升规"工作挂点实施方案[1]

镇街	企业名称	区领导	区部门负责人	镇街负责人
大良	佛山市顺德区凯地电器有限公司	ZX	HSX	HMC
容桂	佛山市恺盛印务有限公司	ZX	HSX	LGX

---

[1] 资料来源：《顺德区"小升规"工作挂点实施方案》。限于篇幅，该表只呈现了部分有代表性的"小升规"企业。

镇街	企业名称	区领导	区部门负责人	镇街负责人
伦教	佛山市顺德区双钱塑料制品有限公司	ZX	OCY	LDQ
陈村	广东超极特种金属材料有限公司	ZX	OCY	HZJ
北滘	佛山市顺德区汇春家具有限公司	XYF	CGX	ZXJ
乐从	佛山市顺德区中拓家具有限公司	XYF	CGX	CWG
均安	佛山市顺德区保嘉利塑胶有限公司	XYF	LED	CYY
龙江	佛山市顺德区美珑家具有限公司	ZF	LED	HCY
勒流	佛山市顺德区琪泰五金实业有限公司	ZF	LB	WG
杏坛	佛山市顺德区博大生物科技有限公司	ZF	LB	KYW

注：表格中涉及的相关人员做了匿名化处理，字母组合代表对应的人员。

（四）精细服务：建档立库

在"小升规"工作中，顺德政府体现了精细化的治理技术，利用数据资源改善决策和政策执行。

由于"小升规"涉及大量企业经营数据，顺德政府有效利用了这些数据，在日常对小微企业进行运行监测和统计分析，建立并滚动更新了一个"小升规"后备企业库。由区市监局、统计局、税务局分别将有可能符合"小升规"条件的企业名单及时报区经济促进局汇总，形成《顺德区"小升规"后备培育企业名录》，及时更新培育库并反馈给各镇街，通过动态跟踪库内后备企业的生产经营情况，及时调整工作重点（见表4-11）。

表4-11　佛山市"小升规"后备工业企业培育情况[1]

	总数	2018年底主营收入1500万~2000万元的企业数量	预测2019年底主营业务收入的企业数量			
			★★★	★★	★	
			2000万元以上	1500万~2000万元	1500万元以下	数据不全无法预测
顺德区	1320	447	363	376	500	81
大良	131	49	36	40	43	12
容桂	215	78	54	68	80	13
伦教	96	29	25	30	37	4
陈村	74	24	22	20	28	4
北滘	169	62	44	56	61	8
乐从	49	13	17	10	18	4
均安	171	53	48	42	67	14
龙江	86	29	25	21	33	7
勒流	186	60	45	47	86	8
杏坛	143	50	47	42	47	7

2019年7月中旬，经济促进局根据上半年企业经营情况，梳理出1320家企业作为后备培育企业上报给市工信局后，并组织相关单位对这些企业进行了摸查，对2019年一整年的主营业务收入进行了预测，预计363家企业将实现2000万元以上，376家企业将实现1500万~2000万元，500家企业在1500万元以下。

（五）营造环境：资源链接

在"小升规"的案例中，顺德政府扮演了资源平台运营者和

---

[1]　资料来源：《顺德区"小升规"工作挂点实施方案》。

企业服务提供者的角色，在调动政府内部资源刺激企业成长的同时，还对社会上的各种资源进行牵线搭桥，为企业的成长营造良好的环境，这也能在一定程度上反映顺德在提供企业服务过程中扮演的角色。

顺德政府在开展"小升规"工作时，有着打造"企业服务体系"的意识，用体系化、综合性思维来扶持小微企业发展，依托各级企业公共服务平台，利用商务、科技、法务、金融、人才等多种手段，联动金融机构、社会组织、行业协会、企业等主体进行全方位的营商环境体系打造。

1. 人才服务

利用顺商学院开展实体化运作，培养符合顺德产业发展特色与企业发展实际的高管人才，开展企业专题研修活动，引导培育企业内训及用工培训，推动职业技能人才培训；做好高层次人才和团队引进培养工作。

2. 资金服务

一方面是政府财政资源的支持：

直接财政补贴。在市级补贴 20 万元的扶持政策基础上，顺德对 2019 年达到规模以上企业标准并进入统计联网直报企业名录库的工业企业，分两年给予累计不少于 30 万元的奖励。

其他形式补贴。针对规上工业企业，还有用电量补贴、用气补贴、设备融资租赁贴息，还可以获得"中小微企业服务券"，可以在购买国家、省、市公共示范平台及服务机构服务时获取财政补助。

相关政策资源衔接。同村级工业园升级改造类似的是，在财政资金相对紧张的情况下，顺德筹集其他相关政策的资源一同打包，补充"小升规"的财政补贴的缺口，这些相关政策又包括企业技术改造、高新技术企业认定、贸易拓展、营商环境提升、"个转企"（个体工商户转型升级为企业）等。

另一方面是为金融机构和小微企业进行牵线搭桥：内容包括走访农商银行、农业银行、中国银行等金融机构，共同研究推出支持小升规企业的金融产品；利用银行在镇街的营业网点和人力资源，对目标企业进行新升规企业50%的融资贴息政策和针对性金融产品宣贯；顺德还组建了区中小微企业金融服务联盟，牵头银行、融资租赁公司等金融机构，针对企业出台金融产品，降低企业融资成本；还频繁召开金融对接会，让后备企业库中有融资需求的优质企业与金融机构进行直接对接。

3. 其他服务

值得注意的是，在执行服务工作的过程中，顺德政府还充分利用了中小微企业专家帮扶团、行业商协会等涉企服务的商业机构和社会组织，通过将服务外包给这些专业机构来提供企业服务，包括财务、安全、节能、环保、用工等方面的管理服务。这是因为单凭职能部门的力量难以充分提供优质的企业服务。根据经济促进局的三定方案，该局有9个科室，共有工作人员95人，主要负责对接企业服务的是企业服务科（法规科），该科室只有10人，单个镇街就是几个人服务上百家企业，因此经济促进局经常与社会组织合作，推动工作，合作对象包括顺德经科中小企业服务中心、顺德中小企业促进会、家具协会等行业协会。

第五章

顺德县域社会治理

本章作者：汤献亮、陈那波

◇　　◇　　◇

　　党的十九大报告明确提出"社会治理重心向基层下移"，县区、镇街、社区成为社会治理结构的重要节点。一方面，管理权限和服务职责下沉，使得基层单元日益转变为一站式、全方位的治理中枢；另一方面，县区基层承担着打造共建共治共享格局的重任，需要协调、调动多元治理力量参与，综合完善党委领导、政府负责、民主协商、社会协同、公众参与、法治保障、科技支撑的整体治理体系。可以说，县域层面的社会治理是当下加强治理体系和治理能力现代化建设的关键环节，更是通向良政善治的必由之路。

　　顺德区政府组织架构较为完善、行政水平相对较高，是中国经济发达县域的代表者，其社会治理实践具备一定的参考性和前瞻性。而且，顺德区社会治理展现出鲜明的地方特色——多样化的社会治理"协同结构"。本章所称的协同结构指的是由治理链条和治理手段组合产生的治理结构，包括纵向层级间的协同、横向部门间的协同、外向政社间的协同。本章各节将结合顺德区治安综合管理、城市管理、社会组织参与等几个方面，以"治理背景—主体协同—治理行动和效果"为线索，展现顺德协同治理的现状。

社会治安综合治理

保证社会秩序稳定是社会治理的基础任务。长期以来，地方政府在综合治理（以下简称"综治"）方面付出了极大努力，全国各地通过平安城市、天网工程、雪亮工程等项目逐步普及了技术防控手段。基层广泛组织的各类联防联控队伍也在提升治安防范力度、维护社会秩序中发挥着不可或缺的作用。

有力的综治工作在顺德尤为重要。顺德经济产业的发展带来了人员、资产等生产要素的高度集聚，随之而来的流动人口、治安警情、信访任务、对外事务管理都将成为治理难点。

治理背景：难点集聚

从流动人口总体情况看，近二十年间，顺德流动人口规模维持在 100 万人以上，且呈上升态势。据顺德区流动人口管理办公室的历史统计数据，顺德区流动人口从 2004 年的 130 万人左右，逐步增长至 2019 年的 198 万人[1]。将常住人口与户籍人口做比较，可以清晰地看出，顺德区流入人口占常住人口的比例约为 50％～60％，且流入人口数量常年大于本地人户籍人口数量，是典型的人口净流入地区（见图 5-1）。

---

[1] 各地对流动人口的统计方法和口径各有不同，一般将流动人口定义为人户分离（现居住地与户口登记地所在的乡镇街道不一致，且离开原户口登记地半年以上的人群）。

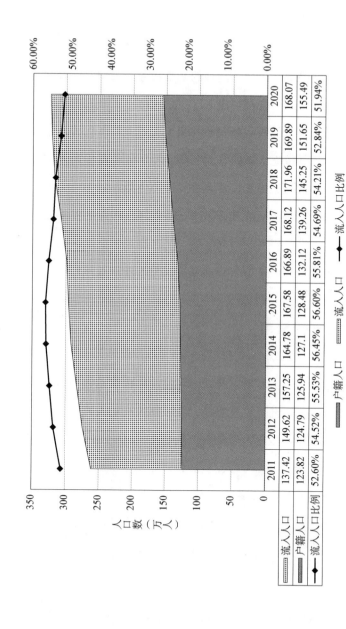

	2011	2012	2013	2014	2015	2016	2017	2018	2019	2020
流入人口	137.42	149.62	157.25	164.78	167.58	166.89	168.12	171.96	169.89	168.07
户籍人口	123.82	124.79	125.94	127.1	128.48	132.12	139.26	145.25	151.65	155.49
流入人口比例	52.60%	54.52%	55.53%	56.45%	56.60%	55.81%	54.69%	54.21%	52.84%	51.94%

图 5-1　顺德区流入人口变化趋势 [1]

[1]　资料来源：顺德区统计局、公安局人口统计资料。

从流动人口空间分布看，顺德流动人口集中在容桂、北滘街道。这一分布与各镇街的地理位置和功能定位有密切关系。容桂街道位于珠三角腹地，是顺德旧城所在地，具备产业先发优势，来此务工的人口数量最多。北滘街道东接广州市番禺区，被定位为工业服务业发展区域，流动人口处于不断增加的过程中。乐从、龙江地区家具等传统制造业历史悠长，有相应的工业基础和产业工人队伍，保持着一定的流动人口规模。而杏坛镇、均安镇的工业化和城市化发展水平在区内相对偏低，吸纳的流动人口较少（见图5-2）。

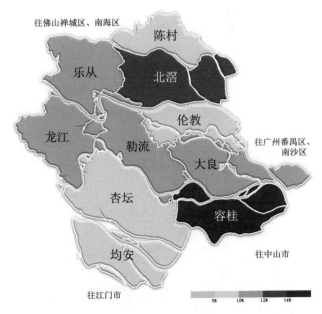

图5-2 顺德区流动人口空间分布（2019年）[1]

---

[1] 作者自制，图5-2和表5-1数据来源于流动人口管理科2019年7月统计月报。

由于顺德主要产业类型为制造业，流动人口结构也呈现出与之匹配的特征。首先是男多女少，其中又以 16 岁至 50 岁的青壮年为主。他们大部分来自广东省外的城镇地区，接受过初中或高中、中专、技校的教育，农村转移劳动力占比不大（见表 5-1）。

表 5-1　顺德区流动人口结构特征

结构类型		人数/人	百分比/%
性别	男性	1 255 615	60.58
	女性	816 924	39.42
年龄	0～16 岁	101 419	4.89
	16～30 岁	632 873	30.54
	30～40 岁	583 749	28.17
	40～50 岁	465 040	22.44
	50～60 岁	224 572	10.84
	60 岁以上	64 795	3.13
文化程度	小学以下	29 912	1.44
	小学	168 513	8.13
	初中	1 458 280	70.36
	高中、中专、技校	329 451	15.90
	大专、本科	82 672	3.99
	研究生	3 744	0.18
户籍	省内农村	384 744	18.56
	省内城镇	91 960	4.44
	省外农村	226 176	10.91
	省外城镇	1 369 691	66.09

注：数据源于 2019 年 7 月流管科统计月报。

人口大量流入会给县域社会治安管理工作带来直接挑战。从治安警情数量看，仅 2009 年，顺德全区接刑事警情超过 22 000

起，立案 19 855 起。其中包括命案 66 起，涉枪案 10 起，毒品案 261 起，黑恶势力案件 239 起[1]。同时，经济犯罪案件也在顺德警情中占据重要位置。2018 年顺德区受理经济犯罪案件 600 多起，包括网络传销和非法集资、制售假洋酒、合同诈骗等，涉案金额达 600 多亿元。

除警情数量外，信访数量同样呈增长态势。2019 年上半年，顺德区公安收到来信来访 539 件次，同比上升 28.64%。信访内容包括土地、劳动、交通、户政、行政执法等多种问题。此外，值得指出的是，省厅、市局、区纪委、区信访局向顺德区公安局转办的信访数量明显增长。市 12345 热线转办工单 7 074 条，同比上升 46.92%。信访群众向上级监督部门寻求帮助的特点比较明显[2]。

顺德不仅面对城市内部的综治压力，还需要处理大量对外事务。顺德区毗邻港澳，外商华侨投资较多，而且城市紧邻广州市综合交通中枢，自身也拥有容奇、勒流、北滘等货运港口，因此对外交往十分频繁。2015 年后（疫情前），顺德全区受理群众出入境申请稳定在 100 万件以上，港澳台通行证和商务签证需求旺盛。证照签发、入境外国人管理、涉外案件处理也逐步成为区内重要的治理议题。图 5 - 3 为 2009—2017 年顺德受理出入境申请数量。

虽然规模庞大的流动人口、外向型经济模式给当地治安带来众多困难，但顺德区也具有应对挑战的基础优势。第一，流动人口增速相对平缓稳定。流入人口是伴随经济发展各阶段逐步累积

---

[1] 资料来源：2010—2018 年《顺德年鉴》"法制军事"类目，"公安工作"分目。

[2] 资料来源：《2018 年、2019 年上半年顺德区公安局信访工作总结》。

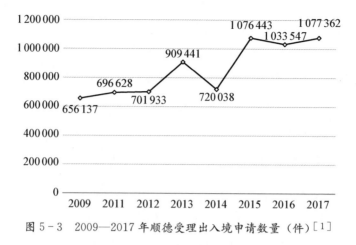

图 5-3 2009—2017 年顺德受理出入境申请数量（件）[1]

的，这使得公共服务、治安防控体系能够渐进适应人口状况；另一维度上，流入人口群体对顺德有一定的归属感和认可度，给规范化治理带来了机会。第二，经济条件好、改革试验田条件便利、区和镇街政府对综治的长期重视，使得社会治安综合治理拥有充分的资源，促进了综治水平的提升。

纵向层级的主体协同

顺德区采用一个纵向的多层级结构来应对上述种种综治压力。这一结构包含综治平台和社区网格两个基础工程，以及针对流动人口特设的管理和服务机构。

首先，围绕公安、政法部门，顺德组建了"区—镇街—村（社区）"三级综治平台（见图 5-4）。在区一级，区委政法委员会（下

---

［1］ 资料来源：《2010—2018 年顺德年鉴》。

称"区委政法委")设综治科、政治安全和维稳科，与其他相关办公室合署办公，多套班子统一调度灵活使用。镇街一级建立综治信访维稳中心，村和社区一级建立综治信访维稳工作站，由社区治保主任负责管理，推行"三员合一"[1]，形成社会治安防控管理的垂直体系。

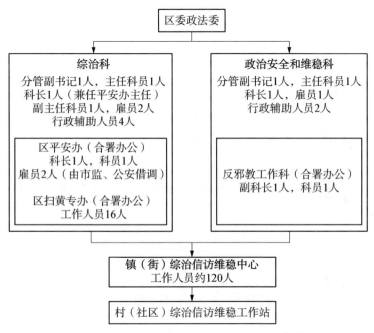

图 5-4 顺德区综治平台相关组织机构[2]

在传统的垂直体系以外，顺德推行了基层网格化治理，组建区和镇街两级网格化监管中心和覆盖全区的网格员队伍。区基层社会治理网格化监管指挥中心下设两个网格化管理科，中心主任

---

[1] "三员"指治安联防队员、流管协管员、计生专管员。

[2] 如无特殊说明，本章有关机构设置及人员配置数据均来源于实地观察和询问记录。

由区委政法委常务副书记兼任。镇街一级，在综治信访维稳中心基础上建设监管指挥分中心，将全区划分为 2 579 个网格。每个网格配备一个网格员，网格员对格内的"人、地、事、物、组织"进行全方位信息采集和管理。基层的网格化有利于治安防控力量下沉，扩展纵向链条的深度。

随着综治平台的建设和网格化工作的开展，流动人口管理也纳入综治的纵向结构中。2004—2005 年，顺德政府成立了临时性协调机构——流动人口管理服务领导小组（见表 5 - 2），政法委书记任组长，流动人口管理日常工作由下设办公室（简称"流管办"）统筹。2014 年，流管办改为流动人口管理科（简称"流管科"），直属区政法委，与综治平台直接相连。

表 5 - 2　顺德区流动人口服务管理领导小组的人员构成

组长	区委副书记、政法委书记
副组长	区委区政府副秘书长 区委政法委常务副书记、区流管科主任 区综治办副主任、区流管科专职副主任
成员	区发展规划和统计局（发展改革统计）副局长 区发展规划和统计局（城市规划）副局长 区教育局副局长 区公安局副局长 区民政和人力资源社会保障局副局长 区司法局副局长 区财税局副局长 区国土城建和水利局副局长 区环境运输和城市管理局（交通运输）副局长 区环境运输和城市管理局（城市管理）副局长 区文化体育局副局长 区卫生和计划生育局副局长 区市场监督管理局（工商质监）副局长 区总工会副主席 团区委副书记 区妇联副主席

镇街在流管科的统一指挥下，设流动人口服务管理中心。镇街流管中心设在镇街综治信访维稳办，由综治信访维稳办主任兼任流管中心主任。负责流管工作的编制人员 5～6 个，占各镇街综治信访维稳办人员的一半[1]。不过镇街流管工作的独立性不强，常常是与综治信访维稳办人员一起行动。

村（社区）设立流动人口服务站，村（社区）服务站由村（社区）支部书记牵头、治保主任负责，服务站内配备若干协管员。全区 208 个村（社区）共设 209 个服务站，协管员 1 326 人。协管员由区统一招募，初期由区、镇街、村（社区）三级财政按 3∶3∶4 的支出比例供养，后期这一比例逐步变为 4∶4∶2，再到 5∶5∶0，最终基本由区、镇街两级财政负责供养。

区及镇街财政直管提高了协管员队伍的稳定性和集中响应能力，有集体经济收入的村扮演辅助角色，补充协管力量的不足。由于顺德协管员规模是 2004 年启动流管工作时按照每 1 000 个流动人口设 1 个协管员标准确定的，协管员工作压力较大。因此，各村从集体经济收入中拿出部分经费雇用 1～2 名协管员以缓解人手不足的状况。区镇两级允许村自雇协管员，并对村自雇协管员实施与区镇聘协管员同样的管理方式，进行统一调度指挥。

目前，在综治平台化、网格化潮流之下，顺德计划将流动人口协管员全部转变为网格员，开展包括流动人口在内的多项入格事务。加上治安联防队员、计生专管员等其他网格员来源，流管

---

[1]　通过对综治信访中心的访谈了解到，顺德区各镇街综治信访办人员在 12 人左右。

队伍的规模增至2579人。表5-3列出了顺德区各镇街流管中心人员的编制情况。表5-4为顺德区各镇街协管员的数量。

表5-3 顺德区各镇街流管中心人员编制情况表[1]

镇街流管中心	专职管理人员/人			
	行政编制	事业编制	政府聘员	合计
区流管科	3	1	1	5
大良街	1	0	5	6
容桂街	2	0	3	5
伦教街	0	0	5	5
北滘街	1	0	3	4
陈村镇	1	0	3	4
乐从镇	1	0	4	5
龙江镇	1	0	5	6
勒流街	2	0	2	4
杏坛镇	0	2	4	6
均安镇	1	0	0	1
合计	13	3	35	51

表5-4 顺德区各镇街协管员数量[2]

镇街	协管员（编制）数	协管员（自聘）数	合计
大良街	149	0	149
容桂街	203	18	221
伦教街	146	0	146
乐从镇	86	110	196
勒流街	114	49	163
北滘街	74	10	84

[1] 资料来源：2018年11月15日流管科内部统计数据。

[2] 资料来源：2019年3月流管科内部统计数据。

（续表）

镇街	协管员（编制）数	协管员（自聘）数	合计
陈村镇	68	15	83
杏坛镇	61	0	61
龙江镇	153	10	163
均安镇	60	0	60
合计	1 114	212	1 326

总体来看，顺德利用综治平台和网格化两条纵向主线，统起治安综合管理工作。以流动人口管理为例，流管领导班子与综治平台相通，末端协管员纳入网格管理，每一层级流管机构、人员都有精确的定位和相应的任务，使得上下级能够高效交换信息、快速适应不同场景、有效落实管理工作。

成效：从"人口管理"到"新市民服务"

纵向协同结构强化了上级的权威，整合了基层的力量，提高了政策在基层的执行力，特别有利于加强管理。在流动人口治理工作上，顺德区充分发挥了这种纵向的优势。

所谓流动人口治理，内容大致可分为"管理"和"服务"两个方面。管理主要指流动人口居住信息登记、出租屋治安、消防管理等；服务方面侧重为常住流动人口提供公共服务，目前主要包括子女入学、入户和入住公租房等。从 21 世纪初到 2020 年，顺德区流动人口治理的思路呈现由侧重"管理"到侧重"服务"的转变，流动人口治理的机构呈现纵向一体化逐步加强的趋势。

2004—2005 年，顺德流动人口治理的直接目标是将流动人口"纳管"，即登记流动人口信息并对其加以管理。2005 年，顺德区政府办公室制定《顺德区流动人员管理暂行办法》，对流动人口实行暂住证制度。年满 18 周岁在顺德本地就业、经商，且拟暂住 1 个月以上的流动人口，应到流管服务站办理暂住证。

但暂住证制度推行不易，顺德流管小组选择将出租屋作为突破口。顺德区先后出台多部出租屋管理办法，对出租屋进行登记备案，通过对出租屋的管理实现"以屋管人"。房屋出租人履行对流动人员治安、消防、计生、卫生等管理职责，确立"谁出租谁管理"的原则。

在"以屋管人"思路指导下，顺德流管基层在实践中逐步探索出分类分层次管理的具体方法。出租屋在日常管理中被划分为重点户、一般户、放心户三种类型，按照"抓重点、防一般、兼放心"的方式实现相对高效的流动人口管理（见表 5 - 5）。这一方法被佛山市以《佛山市流动人员和出租屋管理服务暂行办法》《佛山市流动人员和出租屋治安管理实施细则》等文件学习并固定下来。

表5-5　佛山市出租屋分类管理原则及方法[1]

类别	分类原则	分类管理
重点户	租住人员为无合法有效证件或证件不齐、有违法犯罪前科、昼伏夜出有违法犯罪嫌疑和苗头、无正当职业和经济收入、不务正业、非法传销、男女混租、同乡聚居等，有从事非法加工、生产、经营活动嫌疑的地下工厂、作坊、仓库、店铺、写字楼等	每周巡查、走访不少于一次

[1]　资料来源：佛山市流动人口和出租屋管理内部文件。

类别	分类原则	分类管理
一般户	租住人员办理的暂住证有效期在一年以下，工作相对固定、季节性务工经商人员合租或散租等，厂企在外租用的集体宿舍，租赁合同一年以下、租用期未满一年的厂房、仓库、店铺、写字楼等	每月巡查、走访不少于一次
放心户	租住人员办理的暂住证有效期在一年以上，工作就业固定、收入生活稳定、遵纪守法的单身或家庭，管理完善的厂企内部员工宿舍，租赁期一年以上的从事正当生产、经营、仓储活动的工厂、作坊、仓库、店铺、写字楼等	每季巡查、走访不少于一次

宏观确立"以屋管人"的战略方针，流管办、流管中心聚合多种管理职责，以出租屋为落脚点贯彻管理政策；微观确立"分类管理"的战术办法，基层流管协管员在实践中总结管理经验，反馈到上级平台，上下协同，提供了一个高效精准的流动人口管理方案。这一阶段，初生的顺德流管机构较好地完成了"纳管"任务。

到 2009 年，顺德流管办被合并到社会治安综合治理办公室（以下简称"综治办"），组织架构与综治平台连接更加密切。在综治办阶段，流动人口治理不再单纯立足于"纳管"，而是开始向"服务"的方向转型。

2009 年 7 月，广东省第十一届人大常委会第十二次会议修订《广东省流动人口服务管理条例》，结束了流动人口暂住证制度，进行居住登记和居住证制度改革，提升对流动人口的公共服务水平。

在此背景下，顺德综治部门引入第三方研究机构，围绕如何让"异地务工人员更好地融入顺德区"问题开展调研。结合调查结果,2013 年顺德区出台了《关于进一步推动异地务工人员更好地融入顺德区的工作意见》。《意见》提出"就业有扶持、技能有提升、劳动有尊严、福利有保障、居所有改善、子女有教育、管理有参与、维权有渠道、入户有机会、幸福有共享"的"十有接纳目标",推动推进公共服务均等化工程、第二故乡工程、价值实现工程、人文关怀工程的"四大工程",这项工作从 2013 年一直持续到 2018 年。

为了细化落实对流动人口的服务措施,顺德政府办印发《顺德区流动人口权益保障和公共服务实施意见》,规定流动人口享有职业技能培训、参加社会保障、基本公共卫生服务等 13 项服务,而且符合一定条件的流动人口可以为其子女申请入读区内学前教育、义务教育阶段学校和申请常住户口。

针对民众普遍关心的户口问题,顺德建立起一套相对完善的积分制体系。2016 年,根据佛山市文件指引,顺德印发《关于贯彻佛山市新市民积分制服务管理办法的工作意见》,规定流动人口在规定指标内可享受积分入学、积分入户、积分入住公租房等服务。

不过,积分制服务对象仅包括在佛山市办理居住证满半年以上,且现居住证地址在顺德区并在有效期内的非佛山市户籍人员。这些非户籍人员根据积分高低排名,在公布的指标数内,可以享受积分入学、积分入户等公共服务。虽然相较之前有了进步,但流动人口在享受积分制服务时仍然受到指标总额与个体在流动人口中相对排名的双重限制,因而只有少部分流动人口能享受积分制涵盖的服务。以 2018 年为例,顺德区登记的近 200 万流动人口中积分入学申请人数仅 2 117 人，实际获得学位人数 1 298 人；积分入户申请人数 87 人，实际入户人数 64 人[1]。可见，积分制公共服务无法满足全区流动人口的需求。

在这种情况下，顺德区选择通过项目制扩大流动人口公共服务的覆盖范围。

项目的推动者是新设的新市民事务管理机构。2019 年，在顺德政府机构调整后，区政法委原流管科改称"新市民事务科"，定位于管理和服务兼顾，服务导向更加突出。区委社工委的基层社会治理科也配合进行流动人口服务工作。

新市民事务科指导新市民服务协会[2]对外发包项目。新市民服务协会委托各镇街、村（社区）社工机构开展对流动人口的服务工作，项目经费来源于新市民事务科的新市民服务经费、"众创共善"平台筹集经费或社区营造经费。2016—2017 年度，该协会共组织开展 18 个新市民服务项目，覆盖非户籍建筑工人、儿童、青少年、单身青年等群体，涉及就业、劳动关系、职业保护、普法教育、健康、婚恋、亲子关系、心理援助、未成年人保护、本地人外地人融合等多方面[3]。

在传统的管理领域，顺德也引入了新的调解方式。2018 年《顺德区社会矛盾纠纷全链条多元化调解工作意见》指出，借助网格化，社会维稳治理可通过"网格＋调解"的方式进行，配合

---

[1] 资料来源：《顺德区流管科 2018 年年度总结》。

[2] 佛山市顺德区新市民服务协会（原新顺德区人服务协会）是 2014 年成立的非营利性的全区性社团组织。

[3] 顺德区新市民服务协会：《2016—2017 年度新市民服务项目》。

线下"接待＋调解"，以及智能云平台链接线上线下信息，能够实现全程跟进和智能化调解，化解社会矛盾和纠纷。

除了制度化和常规化的组织机构之外，对于"扫黑除恶"等社会治安专项整治任务，顺德政府还采用了"一把手"负责的领导小组方法。由区主要领导召集成员单位研判案件，部署工作和协调解决。同时，在治安问题较为突出的地带，确立多个市、区综治委挂牌督办的社会治安重点地区和镇街领导挂牌督办的重点整治项目。2018 年，顺德全区共设立了 26 个这样的挂牌整治区域，其中 2 个由市综治委挂牌、10 个由区综治委挂牌、14 个由镇街领导挂牌督办。

总的来看，由"纳管"转向"服务"后，顺德流动人口管理机构在综治平台和网格的基础上，引入了第三方外包、智慧调解等新要素。得益于一体化流管机构的高行动力和基层管理深度，这些新技术新方法没有流于表面，确实强化了对流动人口的全方位服务。从社会治安综合治理全局来看，有效的纵向协同建设发挥了重要作用。

城市综合事务管理

日益发达的城市系统催生出日益繁杂的城市管理事务。市政设施、环境卫生、市容景观、工商管理、交通管理等都是大型城市不得不考虑的议题。政府往往需要成立大量职能部门来应对多样的管理情境。因此，在治理过程中，部门如何进行协作是一个重要的问题。

治理背景：快速市场化和城市化

随着经济总量不断创造新高，顺德的城市化进程也达到了前所未有的高度，2018 年顺德城镇常住人口占全区常住人口的 98.58％，人口城镇化水平远超 69.85％的全省平均值[1]。

据统计，顺德区 2018 年生活垃圾产生量为 153.12 万吨，全部需要进行无害化处理；生活污水产生量为 27 927.49 万吨，其中 95.25％需要集中处理；区内重点道路 5 条、主要道路 17 条、其他道路 363 条，每天需要普扫 2～4 次，总体任务压力较大[2]。

除了常见的城市管理问题，顺德还面临着市场管理方面的困扰。顺德专业市场繁荣，家电、家具、服装、房地产等支柱产业链供应商众多，产品技术标准复杂。这就要求管理必须兼具专业性和灵活性，既要"懂行"——熟知行业运作准则和相关法规，能够敏锐地发现违规行为；又要"懂管"——采取最有效率的方式解决问题，在各方主体的监督下，公平维护竞争环境。2009—2017 年顺德实有市场主体总数及结构，如图 5-5 所示。

与纵向链条主导的综治工作不同，多样化的城市管理任务需要政府部门内部的横向配合。在顺德，主要的负责单位包括城市

---

[1] 资料来源：《顺德区 2018 年国民经济和社会发展统计公报》和《佛山市人口发展规划（2018—2030 年）》。

[2] 资料来源：《顺德区环境运输和城市管理局 2018 年工作总结》。

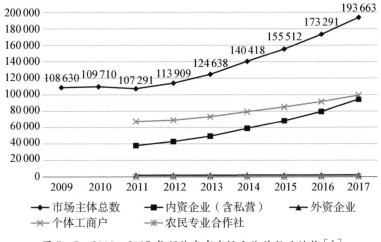

图 5-5　2009—2017 年顺德实有市场主体总数及结构[1]

管理和综合执法局（以下简称"城管局"）、市场监督管理局（以下简称"市监局"）、住房城乡建设和水利局、交通运输局、自然资源局、生态环境局等。从城市管理的职能分工来看，区城管局和市监局具有一定的特色和代表意义，因此，本节考虑以这两个部门为重点，观察顺德城市管理工作情况。

层级横向任务协同：以城管和市监部门为例

（一）城管部门：考核下的"任务分解"

顺德区城管局原名环境运输与城市管理局，2019 年改革后保留城市管理科（城市考评中心）和环卫绿化科两个主要内设机

---

[1]　资料来源：《顺德年鉴》（2010—2018）。2011 年因集中录入吊销企业和个体工商户，市场主体总数对比之前年份有所降低。

构。城市管理科的主要职责是对镇街基层工作进行监督和反馈，同时联系城管指挥中心，协调处理有关投诉举报案件。环卫绿化科负责全区市容环境卫生、市政公用设施以及景观照明的管理，统筹提供环卫服务和进行绿化建设。

区城管局在岗公务员 59 名、雇员 14 名，其中男性 45 人、女性 28 人；30 岁及以下 14 人，31～40 岁 34 人，41～50 岁 17 人，50 岁以上 8 人；本科以下学历 6 人、本科学历 60 人、研究生学历 7 人，区级队伍总体呈现年轻化、高学历的特征，符合其统筹监督的工作需求。

"以考促治"是顺德区城管局的主要行动方针，美城行动、厕所革命、国家卫生城市复审、生活垃圾分类示范县建设等项目是近年来城管工作的重要推力。一方面体现出政策部署从中央、省市到区的层层下沉，以考评的形式传达到地方；另一方面也反映出基层政府注意力资源的分配问题，考评项目的导向会影响实际的执行力度。

以生活垃圾分类行动为例，住房城乡建设部 2019 年印发《关于在全国地级及以上城市全面开展生活垃圾分类工作的通知》，计划在 2020 年底基本建成 46 个重点城市垃圾分类处理系统。随着上海等地开始推行具体措施，生活垃圾分类成了全国的热门话题。广东省人民政府办公厅转发通知并要求广州、深圳、珠海、佛山等珠三角城市率先实施生活垃圾强制分类，确保生活垃圾回收利用率达到 35％以上。

顺德作为佛山市内发展水平较高的区，自然承担垃圾分类先行者的角色，早在 2017 年顺德就被住建部列为全国首批百个

"农村生活垃圾分类和资源化利用示范县"。但垃圾分类并非当时工作重心，区城管系统希望借助"美丽乡村"建设任务，并行完成垃圾分类任务。因此，北滘黄龙、陈村仙涌、乐从路州、龙江左滩、杏坛镇马东、均安镇沙浦六条正在进行"美丽乡村"建设的行政村被纳入农村生活垃圾分类和资源化利用"示范村"。同时，垃圾分类经费纳入美丽乡村经费，由镇街负责落实经费、保障建设，区并未新拨付财政资金。

未受到足够重视的垃圾分类示范县项目给顺德区带来了一些挫折。2019 年 1 月，省住建厅在调研督导后，发出《广东省住房和城乡建设厅关于农村生活垃圾分类和资源化利用示范县创建工作情况的通报》，提出了顺德区存在的问题："未制定示范工作实施方案，主管部门推动力度不大；没有专项资金投入，未建立长效资金保障机制……"按照督导时情况，在该项工作的考评中顺德区得 39 分，对应 D 档。

为此，2 月 13 日区长召开工作会议，要求将农村生活垃圾分类和资源化利用工作提上部门重要日程，由城市管理与综合执法局牵头，会同区委宣传部、区财政局对照考评指标要求落实创建工作方案，明确任务要求、责任主体和目标节点，优先加快推动工作。

为协调横向多个部门，顺德政府和城管局采用了"任务分解"的方式。

根据实际情况，区城管局定下"保 B 档争 A 档"的目标，并对照国家的考核评分表，制定《任务分解表》和《顺德区农村生活垃圾分类示范操作指引》。《任务分解表》规定了组织、计划方案、资金支持、技术支持等方面的责任单位和责任人，推动落实相关事项。

在组织层面，区政府成立创建工作领导小组，区长任组长，各职能部门、镇街主要领导参与。计划方案层面由区府办印发工作方案，除原定的六条示范村外，农村生活垃圾分类工作覆盖范围扩大到所有镇街和全部行政村，落实设施建设、运营、监督等规范化管理制度。资金支持方面，区农业农村局负责统筹调整原有的"美丽乡村"经费，拨付每个示范村 50 万元，共计 300 万元。其他各村分类垃圾收集点的建设、村级垃圾站分类专区的设置、餐厨垃圾处理机的运营、入村宣传指导工作等费用由镇街下发文件、配套经费支持，预计农村数目比较多的镇需要支出约 100 万元。技术支持方面，区城管局委托省环卫协会作为第三方技术支持服务单位，协助开展摸底调研、规划建设、运营管理、宣传指导等工作。

"任务分解"不代表只是僵化地分配考核指标，而且是以任务为中心，加强部门间交流，聚合各部门的创见。区城管局得到农业、工业、土地等部门的支持，在新一轮的垃圾分类行动中融入了顺德特色要素，如对绿化垃圾、餐厨垃圾、建筑垃圾的处理等。

顺德园林花卉企业众多，绿化垃圾占有一定比例，因此大良、北滘、乐从三地投资新建了绿化垃圾处理站点，可利用废料转化生产家具原材料、绿化工程土壤混合料或生物燃料、有机肥，实现绿化垃圾 100％资源化利用。

餐厨垃圾方面，顺德采取购买服务方式，预计以 350 元/吨的价格，由顺控环境投资有限公司热电项目负责餐厨垃圾的处理、运输，为全区生活垃圾处理减量 300 多吨。

建筑垃圾方面，作为高质量发展头号重点工程的村级工业园升级改造，以及城市轨道路网建设、准备动工的珠三角水资源配置工程等大型施工项目，都会产生大量的建筑垃圾、渣土。为解决建筑垃圾出路，顺德土储部门提供了 1952 亩的储备用地，由国资企业负责运营，用于受纳处理建筑垃圾，同时，容桂、乐从有企业也正在试点开展建筑垃圾受纳处理工作。

顺德在创建垃圾分类示范县的历程中可以总结出以下几点经验。

首先，主政领导在考核项目中起到重要推动作用。对于垃圾分类这种覆盖面较广的城市管理事项，城管局或其他政府部门很难单独完成，只有在区政府被完全动员、各部门通力合作时项目才有可能达成。传统的领导挂帅、联席会议、协作机制等方式是促进横向部门间合作的主流方法，尤其是领导挂帅有利于减少政府内部的沟通成本。

其次，"任务分解"是应对考核指标的重要方法。领导小组或上级单位制定"任务分解表"，将清晰的量化考核指标以一一对应的方式分解到个体，有利于调动科室注意力、统一行动，达成既定的组织目标。

而且，任务分解法有利于整合多部门的信息资源，促进横向科室、部门协同治理。因为基层政府内部考评活动、示范项目往往处于多线并行的状态，城管局城市管理科、环卫绿化科，以及城乡建设、农业农村、国土资源等部门分散掌握着垃圾治理的某些环节。在分解任务的引导下，这些部门被整合到一个统一的行动框架内，形成顺德垃圾分类的特色行动。例如，顺德"美丽乡村""垃圾分类与资源化利用示范村""村级工业园"项目，在资金经费、建设要求方面有重合之处。在行政资源有限的前提下，各部门抓住任务间的共通点，答好必做题，再根据不同考核项目的指标要求，进行主题汇总。这种迎检策略虽是权宜之计，但从实际来说也提升了地区的基础治理水平。"美丽乡村"和"垃圾分类"共同强调的环境治理将会成为未来一段时间的工作重心，客观上具有改善村落卫生的积极作用，能够切实做出效果。

　　总的来看，顺德区政府和城管部门在考核项目的落地过程中，合理地利用了任务分解法的优势，增强了业务部门的横向联络，打通部门信息壁垒，有力地推动了事项落实，提高了地方治理质量。

（二）市监部门：执法中的"流程衔接"

　　城市管理的另一核心部门——市场监督管理局在横向部门协同方面也有突出表现。不同于城管局，市监局更多面临的是专业市场执法方面的问题。

　　市监局是负责市场监管和知识产权工作的政府部门。顺德区市监局的前身是2009年大部制改革所成立的顺德区市场安全监管局。市场安全监管局整合了工商行政管理、质量技术监督、安全生产监督管理、食品药品监督管理等职能。全局共有1327项行政职权，占当时顺德全区16个大部门总量的近三分之一。顺德希望融合多个部门以实现行政执法的统一、市场准入和对外服务的统一、分段监管的统一。

2016 年前后，安监机构逐渐脱离市监系统，形成了现在以工商、质监、食药监为主的顺德市监局。2019 年 2—3 月，佛山市和顺德区相继出台机构改革方案，顺德区市监局加挂知识产权局牌子，对下管理各镇街分局以及区消费者委员会、质量技术监督检测所等直属单位。

由于市监局职能较为广泛，因此其内设机构数量较多。除机关党委外，共有内设机构 21 个，主要业务科室包括：审批服务科、信用风险监督科、标准化科、网络交易与广告监管科、消费者权益保护科、质量监管科、药品与化妆品安全监管科、三个食品安全监管科（分别负责生产、销售和餐饮领域）、三个市场综合执法大队等。

除了职能、机构数量，顺德市监部门承担的综合性任务数量也非常多。以区局 2018 年的工作为例，主要有七个方面[1]的内容：

（1）统筹推进我区扫黑除恶专项斗争第六类重点打击问题整治工作。

（2）助力建设顺德高质量体制机制改革创新试验区。

（3）大力推进质量品牌建设，擦亮"顺德质量"的招牌。

（4）深化商事制度改革，营造优质便利的市场准入环境。

（5）开展放心消费创建，构建安全放心消费环境。

（6）全力配合做好村级工业园改造工作。

---

[1] 资料来源：《顺德区市场监督管理局 2018 年工作总结》。

（7）做好上级对顺德区的考核任务（政府质量、"两建"、打私、打假和"扫黄打非"工作）。

职能广泛、管理机构多、任务综合性强，使得市场监管存在跨部门合作的需求，这一点尤其体现在执法前线的合作上。

区市监局综合执法任务一直由执法大队（支队）负责完成。2009—2014 年，区市场安全监督管理局共有五个综合执法支队，分别负责十个镇街的执法任务，每个支队都包含工商、质监、安监、食药监、文体等领域的执法人员。2015 年执法体系发生改变，由于安监部门开始独立运作，原有的五个支队重组为三个综合执法大队，分别负责工商、食品药品和质量计量领域。同时建立了机动大队和片区大队，以外包的方式增强执法力量。

但单纯加强执法力量并不能完全解决执法问题。

首先，市场主体的监管本身就涉及工商、食药监、质监、法制等内部科室的协调，以及城管、住建、工信、环保、公安、检察等其他部门的协调，如何使各部门行动一致是一大难题。

其次，在依法行政、执法责任制背景下，从立案开始，调查取证、案件审核、下达告知书和决定书，到最终执行，每一步骤都可能面临行政复议、诉讼甚至追责。而且，市监部门还面临着知识产权争议、合同欺诈等法律问题，以及职业投诉人、企业法务等专业人士的质疑。如何在法律框架下适应新的市场监管方法，也是重要挑战。

针对这些情况，顺德市监部门强调执法过程中的"流程衔接"。所谓"流程衔接"指的是执法办案遵循一套标准化流程（见图 5-6）。执法人员严格按照法规科的指引，以正当程序进行执法，并且配备记录仪、取证工具等，加强履职证据的收集。在执法过程中，确定具体违法事实涉及的职能部门，与其保持密切联系，随时沟通信息，联合执法、相互协作。

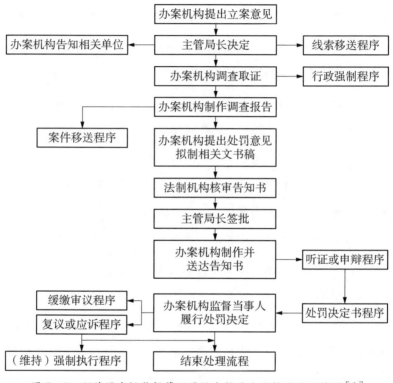

图5-6　顺德区市场监督管理局综合执法大队执法流程简图[1]

典型案例是顺德市监部门的快速联合执法机制——以专项行动、重大项目为契机，对应具体问题，灵活组建相应的联合执法团队。例如，2014年在食品安全领域，市场安全监管局和公安局联合突击取缔二氧化硫浸鲜笋的黑作坊，对生产者采取刑事强制

---

　[1]　资料来源：顺德区市场监督管理局执法培训文档。

措施。2019 年在"村级工业园"项目中，区市监局与住建局等单位联合进行执法检查、纠纷调解等工作。

近年，"流程衔接"中也逐渐融入了党建元素，党组织加强对部门的指导力度。党组工作规则、议事规程逐步完善并且制度化，区局党组机关在决策中的核心作用不断加强。尤其是巡察组进驻区局，重点检查市场监管履职情况，复查大案要案，提出有关要求，协调各部门、科室和责任人落实工作。

整体来看，2017 年顺德区市场监督管理局重点查处制假售假、不正当竞争、走私、传销、无照经营等违法违规行为。全年共查办工商、文体类案件 1453 宗，结案 282 宗，移送公安机关 1 宗；食品药品类案件立案 1 114 宗，结案 816 宗，罚没 1211.95 万元；查处商标侵权案件 113 宗，流通领域产品质量违法案件 54 宗，移交公安机关 18 宗。在职业打假、行政复议、诉讼案件增长的背景下，仍然保持了良好的执法规范性和案件处理效率。

"流程衔接"在监管执法中发挥出关键作用。一方面是因为程序化的部门协作能够高效解决问题；另一方面，完善的流程衔接能够减少法律方面的争议，间接提升了办理速度，形成良性循环。此外，值得注意的是跨部门的合作还能够分担单个部门承受的压力、增加行政处置的手段。例如，市监部门建立"两法衔接"制度，将一些困难案件的资料分享给检察机关、公安机关，基层镇街市监分局在必要时候可以请求刑事司法的协助。坚持法制审核，严守执法程序，加强与业务相关部门的沟通，这是顺德区市监局综合执法的宝贵经验。

总体来说，在任务相对复杂的城市管理领域，顺德城管局、市监局等政府部门运用任务分解、流程衔接等方法，强化了部门间横向协同能力，提升了治理效能。

引导社会组织参与治理

社会组织是为了公益目的，提供公共服务的非营利法人。按《社会组织登记管理条例（草案征求意见稿）》的定义，社会组织包括社会团体、基金会、社会服务机构[1]三类。

社会治理需要有社会力量的参与，社会组织是社会力量的重要存在形态。2016 年，国务院办公厅印发《关于改革社会组织管理制度促进社会组织健康有序发展的意见》，指出促进社会组织健康有序发展有利于改进公共服务供给方式，加强和创新社会治理，巩固和扩大党的执政基础。

治理背景：独具优势的发展基础

顺德区社会组织起步早、增长迅速，至 2019 年已超过 1 800 个，涉及经济、科技、城建、文体、社会福利等多个领域（见表 5 - 6）。尤其是 2011 年后，顺德区不断推进社会体制综合改革，

---

[1] 因《社会组织登记管理条例（草案征求意见稿）》暂未完成立法程序，按现行的《民办非企业单位登记管理暂行条例》，社会服务机构被称为民办非企业单位。

每年登记社会组织增幅明显。

表5-6　顺德社会组织发展情况[1]　　　（单位：个）

年份	核准登记的社会组织	社团	民非	比上年增加
2009	543	304	239	暂缺
2010	595	332	263	52
2011	693	386	307	98
2012	804	453	351	291
2013	1 057	530	527	253
2016	1 526	741	780	171
2019（上半年）	1 866	882	963	54

顺德众多社会组织中，民办社工服务机构和慈善组织有比较突出的亮点：规模大、水平高。

民办社工服务机构方面，顺德区目前自行培育的专业社工机构共有35家，专业社工750余人，社工服务站184个，发展的市民志愿服务队144支，社区志愿者33万余人[2]。

在慈善组织方面，截至2019年5月，顺德区共有慈善组织236家，包括24家基金会、1个区级慈善会、10个镇街慈善会、201家村（社区）福利会等，慈善体系覆盖全区。慈善专业志愿服务队伍共有16支，专职人员150多人，注册志愿者超过13万人。2018年年末，顺德区慈善组织总资产合计约14.56亿元，净资产约14.34亿元（不含村/社区福利会），村（社区）福利会

[1]　资料来源：广东省社会组织信息网、《顺德年鉴》和顺德区民政人社局业务统计数据。

[2]　资料来源：顺德区慈善组织和社工机构数据分别源于《区民政人社局关于慈善工作和社会工作的总结报告》。

的总资产约 3.14 亿元。

社会组织管理：党政部门与法定机构

目前，顺德区对社会组织实施管理的政府单位主要是民政和人力资源社会保障局（以下简称"民政人社局"）以及区委政法委。

2011 年前，顺德区社会组织登记、管理工作由民政宗教和外事侨务局负责。2012 年，顺德区成立社会工作委员会（以下简称"社工委"），负责基层社区建设和社会组织管理等工作。2019 年初，顺德区撤销社工委，原社工委职责被一分为三。其中社会组织登记、队伍建设、培育等具体管理工作被划分到民政人社局社会组织和服务科；基层社会治理、社会体制改革的统筹工作被划分到政法委基层社会治理科。

此外，法定机构[1]社会创新中心根据政府要求和委托开展工作，也是社会组织管理机构。

2012 年，顺德区制定《中共顺德区委关于开展法定机构试点的工作意见》《佛山市顺德区法定机构管理规定》，开启法定机构改革。顺德区社会创新中心由顺德区委区政府于当年设立。作

---

[1] 法定机构是指依据特定的法律、法规或规章设立，依法承担公共事务管理职能或公共服务职能，不列入行政机关序列，具有独立法人地位的公共机构。其基本功能在于明确政府的决策职能和执行职能，政府通过立法的方式成立机构，逐步将部分执行职能社会化。

为法定机构，社会创新中心具有几个特点[1]：第一，机构依专门法设立，职责法定；第二，不属于政府序列，但具有"半官方"性质，且相对政府部门拥有更多的人财物自主权；第三，治理结构由理事会、管理层组成，实行民主管理、社会监督；第四，人员由公务员、政府雇员、自主聘用人员组成，经费来源于政府资助、政府购买或自筹资金等多种形式。

顺德区社会创新中心的定位是承接政府转移出来的公共服务职能，主要职责包括通过研究倡议、专业支持、对接资源、孵化组织、培育人才、发展项目，推动社会服务和社区治理的整体发展和系统提升。区委政法委是顺德区社会创新中心的政策部门，指导它开展工作。顺德区社会创新中心在日常工作中与基层社会治理科、社会组织和服务科、妇联、残联等政府机关及社会团体联系紧密。表5-7为2019年顺德社会组织管理机构人员配置情况。

表5-7　顺德社会组织管理机构人员配置（2019年）

科室机构	人员配置
社会组织和服务科	共7人，其中科长1人，副主任科员1人，科员1人，雇员1人，借用3人
基层社会治理科	共7人，其中科长1人，职员1人，行政辅助人员1人，法定机构借调1人，第三方劳务派遣3人
顺德区社会创新中心	共32人，实行理事会制，总干事1人，副总干事2人，主任3人，副主任7人，其中公务员比例不超过总人数1/3

[1] 黎少华，艾永梅. 广东法定机构改革试点调查［J］. 中国经济报告，2014（3）：28-32.

支持和引导： 社会横向协同不断发展[1]

2011 年顺德社工委成立后，为促进社会组织参与共建共治共享，顺德的支持举措可归纳为三大方面：放权准入、登记便利、资金支持。

第一，加大放权力度，开放社会组织进入。2011 年 11 月，顺德区发布《关于推进社会体制综合改革加强社会建设的意见》，扶持社会组织发展，健全政府购买社会服务制度，将社区事务、公益服务等社会事务通过授权、委托等方式，逐步转移给相关社会组织提供。各级群团组织带头指导和扶持社会组织承接政府和社会资源项目，如区工商联推动成立镇街总商会，承接区政府委托的各项管理服务职能。可以说，社会体制综合改革为社会组织的发展预留了充足空间。

第二，优化社会组织登记管理，为社会组织提供政策便利。2011 年，针对社会组织注册登记困难，必须要挂靠上级主管单位的问题，顺德建立了社会组织直接登记制度，规定除了民办教育机构和医疗机构，其他社会组织均可直接申请登记为独立法人机构。2012 年，落实广东省《关于进一步培育发展和规范管理社会组织的方案》，优先发展工商经济类、公益慈善类、社会服务类和群众生活类四大类社会组织，免除主管单位前置审批。到

---

[1] 本部分的具体政策和相关数据源于同年顺德年鉴或新市民事务科、基层社会治理科年度或半年度总结，其中 2011—2015 年以年鉴资料为主，2017—2019 年以科室工作总结为主。

2013 年，社会组织的业务主管单位改为业务指导单位，顺德社会组织的前置审批限制更加放宽。

放宽登记限制也意味着需要加强对社会组织的运行监管。在监管方面，顺德进行了创新性的探索。2012 年，成立区社会创新中心在内的首批四个法定机构，以半官方的身份对社会组织进行引导管理，这为政府职能转变、实现政社联动开辟了一条路径。2014 年 6 月，顺德成立齐心社会组织促进中心，进一步发挥了其在政府和社会组织之间的桥梁纽带作用，促进社会组织规范运作、健康发展。

同时，顺德民政部门完善了社会组织监管制度。2014 年，顺德出台《社会组织标准化建设指引》，要求社会组织健全内部管理制度和信息披露制度，强化法人治理结构，规范社会组织建设。并且，依托社会组织年检工作，委托第三方会计师事务所对社会组织财务状况进行审计，对社会组织等级进行评估，打击整治涉嫌非法的社会组织。

第三，顺德为参与社会治理的社会组织提供了稳定的资金支持。

顺德区设立了社会组织发展专项资金，列入财政预算，并在税收、捐赠等方面给予倾斜。2013 年，安排社会组织扶持资金 300 万元，对新开设的民办社会服务机构按照属地原则连续三年每年给予 10 万元的财政补贴。2014 年，《顺德区扶持社会组织发展专项资金管理试行办法》将以促进社会组织自身建设为核心的扶持评价体系制度化，社会组织扶持评选工作延续至今。

针对社工领域，顺德区政府采取购买社会服务的方式给予支持。2011 年，大良、乐从、容桂等镇街开始尝试和启创、君行等顺德本土社工机构签订购买社工服务协议，让专业社工机构参与到社会管理中。2012 年，顺德区建立起三级社会创新服务体系，即区社会创新中心、镇街社会服务中心和社工机构。在体系化运作下，各镇街先后以项目方式建立起家庭综合服务中心或服务站点 69 个，扶持培育鹏星、启创、星宇、君行等九家专业社工机构，保有 130 多人的专业社工队伍，为群众提供各类社工服务。2012 年全区家庭服务中心或服务站购买社会服务经费达到 1952.7 万元。

2014 年，顺德区印发《顺德区政府购买社工服务项目规范指引》，进一步加强政府购买社会服务工作的科学化和规范化建设。到 2018 年，顺德区、镇街两级政府购买社会服务资金达 1 亿元。

除了财政专项资金支持外，顺德还引导各单位部门、社会资本参与建设。2013 年，顺德区首次成立镇街社会创新联盟，设立 500 万元公益创投资金，并举办"公益创新大赛"和"镇街社会创新项目评比"，打造政府和民间两大竞争性资金分配平台。

2017 年镇街社会创新大赛更名为"众创共享"计划，2018 年进一步更名为"众创共善"计划。"众创共善"计划是"三社联动"重要举措，它成为整合区委政法委、区民政人社局、区妇联、区慈善会等政社资源的平台。"众创共善"平台由上述承担公共服务供给、社会建设职能的部门筹集资金，平台下设秘书处（秘书处设在顺德区社会创新中心）协调资金支出。各部门筹集的资金仍由各部门主导支出，秘书处的协调空间取决于资金类型，有专门用途的资金以专项工作为主，而资金用途定向不明确的由秘书处负责统筹。村（社区）、社会组织、事业单位都可申报"众创共善"资金，平台资金以竞争性分配方式择优扶持社会组织参与社会治理创新和公共服务，尤其是扶持在"众创共善"计划评估中获评"优秀"等级的高质量项目。

2018年，"众创共善"计划整合区委政法委、区民政人社局、区慈善会等单位共达3 000多万元资金，专项扶持145个项目。2019年上半年，区妇联加盟"众创共善"计划，总体资金规模增加至4 400多万元，确定了197个扶持项目。

2014年7月，顺德区建成国内第一家对接社会服务需求、资金和服务的综合性平台——社会服务交易所（以下简称"社交所"）。作为全区性社会服务综合平台，社交所搭建"线上平台-社会服务网"与"线下实体-服务交易大厅"，以资源对接为导向，集中展示和推广优秀项目、机构，引导更多社会资源参与社会服务、慈善公益，促成资源对接，实现跨界合作，共同助推顺德区公益事业的发展。2014年，社交所联系广东省何享健慈善基金会、盈峰基金会、区慈善会等机构先后投入近200万元资金，扶持扶贫济困等领域的社会项目。

顺德社会组织逐步成为参与社会治理、提供公共服务的重要主体。顺德政府也在扶持社会力量发展的过程中，完善自身架构，创立了社会创新中心、社会组织促进中心、"众创共善"平台、社会服务交易所等前沿的机构，适配社会的发展，为政府转变职能角色积累了经验。政社联动、相互促进，构建起多主体共建共治共享的社会治理体系，推动顺德区的社会治理发展。

　　从管理到治理的改变，体现了转型期国家-社会关系的调整。经济发展进入新常态、人民具体利益诉求多元化的情境要求基层政府具备各向的协同能力：纵向层级用专业的方式执行规则、提供服务；横向部门间交流信息、统一行动，高效合法进行管理；政社间保持互动关系，吸纳社会力量参与治理建设。顺德的社会治理构建了多维度的协同结构，主体联动协作，取得了良好的治理效果。

第六章

顺德县域公共服务供给

本章作者：房瑞佳、王穗风、陈那波

◇　◇　◇

公共资源的配置逻辑在中国经历了三个阶段的变化。第一个阶段是改革开放以前，公共资源的配置遵循以城市为发展重点的城乡二元结构模式；第二阶段是 1978 年至 2003 年，公共资源的配置主要依赖市场手段；第三个阶段是 2003 年之后，公共资源配置成为政府的重要职能，同时强调多元主体共同参与，尤其是调动社会力量参与其中。2012 年，国务院印发《国家基本公共服务体系"十二五"规划》，首次明确了我国基本公共服务的范围和项目，提出了 9 大领域 44 类 80 个基本公共服务项目。2019 年，中共十九届四中全会通过一项决定，中国将健全幼有所育、学有所教、劳有所得、病有所医、老有所养、住有所居、弱有所扶的国家基本公共服务制度体系，尽力而为，量力而行，注重加强普惠性、基础性、兜底性民生建设，保障群众基本生活。

公共服务供给是县域治理中的重要组成部分，但目前普遍面临诸多困境。首先，治理内容以经济发展为主，社会民生问题凸显。中国县域政府角色由发展主导型向服务主导型的转变，总体较为滞后。个别地方政府片面追求经济发展的高速度，对民生相关的教育、医疗卫生、社会保障、就业、住房保障等问题重视不足，对社会心理的引导不足。政府提供基本公共服务的规模、质量与人民群众日益增长的多样化、个性化的公共服务需求之间的矛盾越来越突出。这使得社会民生问题成为现阶段社会矛盾的根源。其次，治理主体以政府为单一主体，治理能力弱化。大部分地方政府对治理主体多元化仍有抵触心理。重政府包揽、轻多方参与的现象仍较为普遍，治理工作往往成为政府的独角戏。最后，县级政府与上级政府之间出现了事权不断下沉、财权不断上移的现象，事权与财权不匹配的问题凸显。县域人才、资金、技术等资源匮乏，使得县域政府履行公共服务职能的财力和能力明显不足，陷入"巧妇难为无米之炊"的困境。

基于此背景，本章内容将结合顺德的县域公共服务供给实践，探究顺德政府在构建公共服务供给体系方面作了哪些尝试，政府在公共服务供给中扮演了何种角色，多大程度上满足了人民日益增长的美好生活需要，还存在哪些有待改善的方面。

顺德公共服务供给的整体现状

2018年7月6日，中共中央总书记、国家主席、中央军委主席习近平主持召开中央全面深化改革委员会第三次会议，审议通过了《关于建立健全基本公共服务标准体系的指导意见》（以下简称《指导意见》）。《指导意见》指出，建立健全基本公共服务标准体系，明确中央与地方提供基本公共服务的质量水平和支出责任，以标准化促进基本公共服务均等化、普惠化、便捷化，是新时代提高保障和改善民生水平、推进国家治理体系和治理能力现代化的必然要求，对于不断满足人民日益增长的美好生活需要、不断促进社会公平正义、不断增进全体人民在共建共享发展中的获得感，具有重要意义。

本节将根据《指导意见》中提到的九个方面：幼有所育、学有所教、劳有所得、病有所医、老有所养、住有所居、弱有所扶以及优军服务保障、文体服务保障，全面摸查顺德区当前的供给现状。

幼有所育

截至 2017 年，顺德区共有幼儿园 315 所，在园人数共计 96 763 人，入园率达到 100%。其中公益普惠性幼儿园占 74.29%，等级幼儿园占比 83.17%，广东省规范化幼儿园占比 94.92%。基本实现"幼有所育"（见表 6-1）。

表 6-1　2017 年度顺德区幼儿教育供给情况

项目	数据
幼儿园数量/所	315
在园人数/人	96 763
入园率/%	100
专任教师数/人	7 021
公益普惠性幼儿园占比/%	74.29
等级幼儿园占比/%	83.17
广东省规范化幼儿园占比/%	94.92

学有所教

截至 2017 年，顺德区共有小学 148 所，小学适龄儿童入学率达 100％。初中共计 41 所，初中适龄人口入学率达 100％，小学升初中升学率达 100％，中考升学率达 98.56％。普通高中共计 22 所，高中阶段毛入学率达 112.09％，高中升学率达 99.23％，高考重点上线率达 23.44％，本科上线率达 70.39％。职业技术学校共计 13 所，在校学生数为 24 472 人，特殊教育学校 1 所，在校学生人数计 342 人（见表 6－2）。基本实现"学有所教"。

表 6－2　2017 年度顺德区各类教育供给情况

教育类别	项目	数据
小学	小学数量/所	148
	在校学生人数/人	181 618
	专职教师/人	9 167
	小学适龄儿童入学率/％	100
初中	初中数量/所	41
	在校学生人数/人	74 369
	专职教师/人	5 498
	初中适龄人口入学率/％	100
	小升初升学率/％	100
	中考升学率（含高中、职中录取）/％	98.56
高中	普通高中数量/所	22
	在校学生人数/人	39 995
	专任教师/人	3 395
	高中阶段毛入学率/％	112.09
	高中升学率/％	99.23
	高考重点上线率/％	23.44
	本科上线率/％	70.39
职业教育	职业技术学校数量/所	13
	在校学生人数/人	24 472
	专任教师/人	1 914

教育类别	项目	数据
	特殊教育学校数量/所	1
特殊教育	在校学生人数/人	342
	专任教师/人	66

劳有所得

截至 2017 年，顺德区共有人力资源服务机构 44 个，公共就业服务机构 11 个，全年举办招聘会 121 场，参加招聘企业共有 13 708 家，提供岗位 139 890 个，进场求职人次达 155 434 人次，初步达成就业意向人次为 38 442 人次，就业专项资金共计 2 000 万元（见表 6-3）。为实现"劳有所得"提供良好的条件。

表 6-3 2017 年度顺德区就业服务供给情况

项目	数据
人力资源服务机构/个	44
公共就业服务机构/个	11
招聘会/场	121
参加招聘企业数/（次/家）	13 708
提供岗位/个	139 890
进场求职人次/人次	155 434
初步达成就业意向人次/人次	38 442
就业专项资金/万元	2 000

病有所医

　　截至 2017 年，顺德区共有卫生机构 587 个，医院有 35 家，社区卫生服务中心 100 个，妇幼保健院 1 家，卫生监督所 1 个，疫病预防控制中心 1 个，慢性病防治中心 1 个，中心血站 1 个，单采血浆站 1 个。全区医疗卫生机构床位共计 10 631 张，每千常住人口床位数 4.07 张，每千常住人口执业（助理）医师 2.05 名，每千常住人口注册护士（人）2.52 名。基本公共卫生服务资金总额为 17 210.56 万元，人均基本公共卫生服务资金 67.88 元（见表 6-4）。

表 6-4　2017 年度顺德区医疗服务供给情况

项目	数据
卫生机构/个	587
医院/家	35
社区卫生服务中心/个	100
妇幼保健院/家	1
卫生监督所/个	1
疾病预防控制中心/个	1
慢性病防治中心/个	1
中心血站/个	1
单采血浆站/个	1
全区医疗卫生机构床位数/张	10 631
每千常住人口床位数/张	4.07
各类卫生技术人员/人	14 742

项目	数据
执业（助理）医师/人	5 353
注册护士/人	6 585
每千常住人口执业（助理）医师/人	2.05
每千常住人口注册护士/人	2.52
基本公共卫生服务资金总额/万元	17 210.56
人均基本公共卫生服务资金/元	67.88
常住人口人均标准/元	50
电子健康档案/万份	229.26

老有所养

截至 2017 年，顺德区 60 岁以上户籍老年人达 235 306 人，老年人口比例为 16.8%（见表 6-5）。顺德区养老服务的供给现状如下：居家养老方面，政府通过购买服务在全区配备了 11 家居家养老服务中心提供多层次上门服务；社区养老方面，各镇街已建成 1 个镇街长者综合服务中心，区镇村居三级、基金会和社会资源近年来多渠道扶持社区养老服务点软硬件建设；机构养老方面，目前共有 19 家养老院。

表 6-5　2017 年度顺德区 60 岁以上老年人数量与结构情况

项目	数据
60 岁以上户籍老年人/人	235 306
老年人口比例/%	16.8

项目		数据
其中	60～64 周岁/人	78 393
	65～69 周岁/人	64 508
	70～79 周岁/人	62 882
	80～89 周岁/人	25 500
	90～99 周岁/人	3 919
	100 周岁以上/人	104

住有所居

截至 2017 年，顺德区新建商品房成交金额达 461.09 亿元，新建商品房成交套数为 57 858 套，商品房的均价为 11 760.74 元/平方米。发放租赁补贴用户为 484 户，补贴总金额为 270 万元。棚户区住房改造货币化安置共计 239 套，公共租赁住房分配 528 套（见表 6-6）。

表 6-6 2017 年度顺德区住房服务供给情况

项目	数据
新建商品房成交金额/亿元	461.09
新建商品房成交套数/套	57 858
商品房的均价/（元/平方米）	11 760.74
发放租赁补贴/户	484
发放租赁补贴金额/万元	270
棚户区住房改造货币化安置/套	239
公共租赁住房分配/套	528

弱有所扶

截至 2017 年，顺德区用于低保、五保、"三无"等困难群众基本生活救助资金共计 7 889 万元，最低生活保障标准为 900 元。低保对象共计 3 253 户，6 053 人；低保临界对象为 771 户，1 982 人；"三无"人员共计 910 户，934 人。危房改造 25 间，危房改造资金 60 万元，救助流浪乞讨人员共计 564 人（见表 6-7）。助学救助 1 758 人，助学救助资金达 392 万元；医疗救助受益群众达 17 680 人，医疗救助资金达 1 047 万元（见表 6-8）。

表 6-7　2017 年度顺德区低保服务供给情况

项目	数据
基本生活救助资金/万元	7 889
最低生活保障标准/元	900
低保对象	3 253 户 6 053 人
低保临界对象	771 户 1 982 人
"三无"人员	910 户 934 人
危房改造/间	25
危房改造资金/万元	60
救助流浪乞讨人员/人	564

表 6-8　2017 年度顺德区助学救助情况

项目	数据
助学救助/人	1 758
助学救助资金/万元	392

项目	数据
医疗救助收益群众/人	17 680
医疗救助资金/万元	1 047

以上数据简要地反映了顺德公共服务供给的整体现状，体现出区政府基本上满足了辖区民众的公共服务需求。那么，作为经济发达的县域政府，在公共服务供给方面，顺德区面临什么样的治理情境？顺德政府做了哪些努力和尝试？下面将结合顺德养老服务供给的案例一探究竟。

顺德公共服务供给模式——以养老为例

治理情境

截至 2018 年底，顺德区 60 岁以上老年人口达到 24.4 万人，占户籍总人口的 16.8％，已超过联合国规定的老龄化社会标准，即一个地区 60 岁以上老人达到总人口的 10％。随着人口老龄化、高龄化、失能化和空巢化的"四化叠加"矛盾加深，加上财政投入力度不相匹配，顺德的养老体系面临严峻挑战。

较为突出的供给问题集中体现在几方面：一是市场化程度低。全区居家养老服务层次较为浅化，多停留在简单易行、表面服务上，未能达到市场化的要求。二是人才短缺。由于工作时间长、社会尊重度低等原因，养老护理员严重缺乏，导致难以招收高度护理老人入院。此外，养老机构医务人员提升空间及薪酬待遇相对同行业低，难以吸引合资格医疗人才。相当多养老机构没有配备医护人员，院舍难以按照相关规范提供基本的医疗服务。三是机构床位供需结构不合理，床位未能满足需求与入住率不高的现象同时存在。四是管理体制僵化。顺德养老院舍长期为公办机构所垄断，大部分实行收支两条线管理，按照事业单位等级确定院舍人员数量和工资待遇，难以吸引高水平的管理人员和护理员，院舍管理和服务水平得不到有效提升。

党的十八大以来，国家、广东省高度重视养老服务供给问题，先后出台了《国务院关于加快发展养老服务业的若干意见》（国发〔2013〕35号）、《广东省人民政府关于加快发展养老服务业的实施意见》（粤府〔2015〕25号）、"十三五"养老服务体系规划等重要文件。在上级政府高位推动的背景下，顺德区政府在各部门支持下出台了一系列规划、工作方案，对发展养老服务供给作出了整体性的部署，并建立了联席会议制度等工作机制，对推进过程中遭遇的问题进行化解。

经过多年的实践探索，顺德区已初步建立起居家养老为基础、社区养老为依托、机构养老为补充的多层次养老服务体系。在该养老服务体系中，政府、事业单位、社会组织与民营企业等多元主体共同参与，良性互动，形成了顺德养老服务供给的"顺德智慧"，为进一步探索公共服务供给的县域经验提供重要的参考样本。

接下来，首先将归纳政府在顺德区养老服务供给中扮演的总体性角色，然后以政府视角切入居家养老、机构养老和社区养老三方面具体实践，从而呈现政府在其中发挥的作用。最后，对政府与社会、市场合作过程中存在的问题进行剖析，并提出改进建议。

治理主体

（一）政府布局，顶层设计

从"十二五"规划到"十三五"规划，再到 2019 年发布的《顺德区养老服务体系三年工作方案（2019—2021 年）》（简称《工作方案》），顺德区政府积极应对上级部门的新要求，结合当地实际，立足充分调研，及时制定本区的养老服务发展规划和工作方案。在这些纲领性的政策文本中，顺德政府在一方面明确了自身在财政（经费）支持、政策支持、标准制定、监督管理等方面的权责，另一方面也厘清了政府与多元主体之间的互动关系。

在顶层设计上，顺德接连出台了多个宏观规划，明确了全区养老服务供给的整体思路，构建以居家为基础、社区为依托、机构为支撑的社会养老服务体系。此外，民政局还配合区发规统局制定《顺德区养老服务设施规划研究》，将养老服务设施建设纳入城市总体规划、控制性详细规划，为养老机构的建设预留了足够的规划土地。

在经费支持上，不仅建立了养老服务体系建设公共财政投入增长机制，同时将区和镇（街道）福利彩票公益金每年留存部分按不低于 50％的比例集中使用于社会养老服务体系建设。此外，还大力发展慈善事业、着力吸引社会资金投入养老服务。

在政策支持上，针对统筹多元主体合作的方方面面提供了政策支持，如民办养老机构扶持办法、医养结合的保险制度、公办养老机构的人事制度、政府养老服务采购的招投标程序和标准、社区养老服务机构的管理制度、社工服务项目经费列入财政预算制度等。

在统筹监督上，强化区级统筹监督作用，通过建设区级综合养老服务信息平台，推进手机终端 APP 的开发与应用，逐步建立统一的需求评估体系，建立养老服务监管和公示制度。

（二） 部门牵头，内部协同

养老服务供给在顺德政府主要由顺德区民政和人力资源社会保障局牵头，协同相关部门共同完成，如医养结合的具体落实，离不开区卫生健康局的共同参与。顺德政府的制度优势为政府内部协同提供了重要保障。

一方面，顺德区的年度绩效考核制度发挥了重要作用。每年区政府根据上级精神和本地实际，设定全区重点工作，一旦相关工作被列入重点工作，将接受全年的过程式督办，每季度由相关负责单位在系统中上报完成情况。

另一方面，工作方案作为正式通知由区政府发文，起到约束性作用，同时，文件的内容明确了相关负责单位并附上工作任务的时间推进表。权责明晰为部门之间的沟通协作提供了保障。

（三） 多方动员，共同参与

除了政府之外，养老服务供给的行动者还包括事业单位、社会组织和企业。政府也将这些多元主体吸纳到养老服务供给体系中。

1. 事业单位

养老院作为传统的养老服务供给模式，主要由事业单位承担。随着事业单位改革的深入推进，养老院作为公益类事业单位面临深化改革的新任务，以达到兼顾公平和效率的重要使命。

针对这些事业单位，顺德政府明确了改革思路，即"提质增效"。事业单位性质的养老院作为公立养老机构，将得到政府的财政支持，为充分发挥公办养老机构"兜底"作用，事业单位类型养老院要优先保障经济困难的无子女、失能、高龄老年人的入住需求。在"提质"方面，政府将扶持全区公办养老机构参加广东省星级养老机构评定，争取到2021年全部公办养老机构达到三星以上。在"增效"方面，鼓励事业单位性质养老机构探索公建民营或PPP等模式，委托民间资本管理、运营公有产权的养老机构，推动公办养老机构改革试点，通过委托管理、合作经营等公建民营方式，逐步实现社会化运营。

2. 社会组织

为了扶持养老领域的社会组织，政府采取了一系列手段。

首先，政府推动成立养老服务指导机构，负责协助全区养老服务体系建设，制定行业准入标准和服务质量标准，组织对外交流和养老护理学术培训，培育养老服务行业中介服务组织，向养老服务机构提供各项专业性服务，指导养老服务机构完成标准化建设、人员培训、老人评估、统一采购等工作。

其次，区政府鼓励各镇（街道）利用社会资本，开放管理权限，扶持社会组织建设，组建包括专业社工、护士、康复师、护理员等的高素质服务队伍，建成融合个人照料、特别护理、家居改善、康复运动、日间暂托、护老者支援服务等系列服务的"长者综合服务中心"，并通过提供向村（社区）辐射的养老服务和技术支援，结合平安钟服务平台，形成功能完善的社区养老服务网络。

再次，对社会组织进行项目制试点。于 2017 年开始，顺德社会创新中心启动了"众创共善"计划，该计划是通过政府购买服务的方式，以项目探索先行，通过"小额资助、项目试点"的形式，为政府购买服务积累了经验，助力顺德及时完善相关政策措施，加强公益创投项目的成果转化。在养老领域，顺德区民政和人力资源社会保障局结合"众创共善"于 2019 年出台了社区养老提升计划，明确三年内建立 60 个社区养老服务中心。

最后，政府积极培育与发展养老服务社会组织和志愿者队伍，推进养老服务工作的专业化与社会化。将社工服务项目经费列入财政预算，在公办养老服务机构引入社工服务项目。支持养老服务机构设立"驻院社工"，积极引导、支持各类慈善机构或社会组织在养老服务机构开展社工服务。

3. 企业

针对民办养老机构，顺德政府总体上采取支持态度，使用财政支持、政策扶持等优惠政策进行鼓励。资金支持方面，加大了财政对社会养老服务体系建设的投入力度，制定民办养老机构扶持办法。执行各项税费减免优惠政策，建立民办公助财政补贴制度，对民办非营利性养老机构或服务设施给予一定的新建床位补贴和营运补贴。审批程序方面，对自建的民营养老机构，按照国家对经营性用地依法办理有偿用地手续的规定，优先保障供应。对民办养老机构，规范程序、公开信息，实现网上审批，为社会力量举办养老机构提供便捷服务，引导各类所有制投资主体进入养老服务领域，推动形成规模化、连锁化的知名养老服务机构。

具体实践

（一） 以居家养老为基础

在养老服务体系中，居家养老是基础环节。居家养老指政府和社会力量依托社区，通过建立专业化的服务机构，为在家居住的老年人提供生活照料、家政、康复护理和精神慰藉等服务。其基本运作方式是在社区创办老年人服务中心或服务站，提供定点和流动的服务。老年人可以直接去服务站获得就餐、清洁、娱乐或日托等综合性的集中服务；对于部分或全部丧失出户能力的老年人，则由经过专业培训的人员上门提供个案服务[1]。《广东省居家养老服务规范化指引》总则第一条将居家养老服务定义如下：居家养老服务是指政府和社会力量依托社区服务资源及信息网络，为居家老年人提供家政服务、生活照料、助餐服务、康复护理、医疗保健、精神慰藉、文化娱乐、安全援助和转介等方面的服务，其主要形式是上门服务和社区日间照料[2]。这种服务

---

[1] 敬义嘉，陈若静. 从协作角度看我国居家养老服务体系的发展与管理创新 [J]. 复旦学报（社会科学版），2009（5）：133-140.

[2] 广东省民政厅：《关于印发广东省居家养老服务规范化指引的通知》，2013年4月2日，http://www.yanglaocn.com/shtml/20141104/141510948 333392. html.

方式与机构养老最大的不同在于，其核心是家庭，使老年人生活在熟悉的家庭环境中，接受服务人员专业化的服务，享受家庭成员对其晚年生活的照顾。

顺德区通过购买服务的方式在全区配备了 11 家居家养老服务中心，提供居家养老上门服务和"平安钟"服务等居家养老服务（见表 6-9）。2006 年、2007 年顺德区政府分别推行上门服务及"平安钟"服务，并于 2011 年实现全区 10 个镇街服务全覆盖，形成了由"平安钟"服务平台提供（远程）座席服务、当地居家养老服务中心提供（实体）支援服务的相互配合的格局，搭建起了"家政服务＋基础护理服务＋康复理疗服务＋紧急呼救＋社工服务"较为全面的服务体系[1]。

表 6-9　顺德区居家养老服务中心一览表

序号	机构名称
1	佛山市顺德区星宇社会工作服务中心 （杏坛镇社会服务中心）
2	佛山市顺德区龙江镇乐天伦居家养老服务中心
3	陈村镇宏德居家养老服务中心
4	春晖居家养老服务中心
5	南海区春晖养老服务中心 （又名：大良爱心居家养老服务中心）
6	金晖居家养老服务中心
7	佛山市顺德区夕阳红老人护理服务中心
8	佛山市顺德区金秋颐养院

---

[1]　顺德区社会创新中心编. 顺德区社区养老服务需求及服务现状解读[R]. 2018.

序号	机构名称
9	乐从镇颐乐居家养老服务中心
10	佛山市南海区春晖养老服务中心北滘办事处
11	颐乐居家养老服务中心

"平安钟"服务是一个提供（远程）座席服务的平台。"平安钟"系统实行 24 小时值班制度。如遇紧急情况，老人只需按一下专用遥控器上的红色键，就能立即接通服务中心，工作人员将根据具体情况及时采取适当措施为老人提供服务。如果救助电话没有处理，电脑将继续显示没有处理的个案，以方便工作人员继续追踪情况的进展。除了提供紧急情况的救助服务，老人还可以通过"平安钟"系统要求提供家居清洁、餐饮服务、聊天服务等[1]。目前，顺德区共有 2 个"平安钟"服务平台，主要提供紧急呼救、支援服务、精神慰藉、咨询服务、定期主动呼叫、节日生日问候、天气提醒、跟踪回访等服务[2]。

针对上述居家养老服务，顺德区政府主要通过财政投入、制定补助标准、调研评估等手段发挥作用。以《顺德区人民政府办公室关于调整我区居家养老服务政府资助范围和标准的通知》为例，该文作为居家养老服务的政策性文件，为各镇、街道提供了纲领性指导，明确了养老服务资助对象、服务范围和经费支持等

---

[1]　南方日报：《顺德 100 万元补助镇街推广"平安钟"》，2010 年 11 月 18 日，http://news.sina.com.cn/c/2010-11-18/082918378600s.shtml.

[2]　广州日报：《顺德 60 岁以上老年人达 24.4 万 拟建多层次服务体系》，2019 年 01 月 28 日，gd.sina.com.cn/news/fs/2019-01-28/detail-ihqfskcp1065811.shtml.

问题。

　　首先，明确了居家养老服务政府资助所需经费按资助对象户籍所在属地管理原则，由各镇、街道财政负担。各镇、街道可根据实际情况，在规定的资助范围基础上进一步扩大资助范围、提高资助标准，并结合长者综合服务中心建设进度和功能配置，调整和丰富居家养老服务内容，因此为各镇、街道保留了较大的自主权[1]。以顺德区杏坛镇制定的养老服务指南[2]为例，该镇对养老服务资助对象、申请流程进行了详细规定。在杏坛镇，有几类老人可以接受政府资助，包括：在册在保救济"三无"孤老；分散供养的五保户；低保户里60岁以上的独居或仅与残疾子女生活的老人；低收入（每月收入低于600元）孤老；优抚对象孤老；一、二、三级残疾军人；市级以上劳动模范（全国单项先进等）；百岁老人；低收入（每月收入低于600元）困难户里70岁以上的独居或仅与残疾子女生活的老人；民政、社保代管退休人员中月退休金600元以下、70岁以上的独居及生活自理困难的老人。满足以下全部条件的老人：有顺德户籍，无子女或仅与残疾子女居住，月入600～900元，生活自理困难，则每人每月资助150元。他们只需要携身份证、低保证（或收入证明）、优抚证、劳模证等相关证件到所属村（居）委会填报申请表就可申领资助。不在此范围内的自费老人则需要由老人或家属支付服

---

[1]　资料来源：《顺德区人民政府办公室关于调整我区居家养老服务政府资助范围和标准的通知》。

[2]　顺德区人民政府：《杏坛镇居家养老服务指南》，2018年10月19日，http://www.shunde.gov.cn/sdqxtz/gkml/qt/qt/content/post_2963135.html.

务费用，收费按照所选择的服务项目，由家庭与服务中心签订协议，按实收取。上述两类老人如果希望申请服务，将会经过以下两种不同的流程：

（1）老人或家属提出申请→村居委、镇（街道）、区社会保障部门审批→（符合政府资助条件）可享受政府资助服务→居家养老服务中心上门评估并与老人或家属签订服务协议→开始上门服务。

（2）老人或家属提出申请→村居委、镇（街道）、区社会保障部门审批→（不符合政府资助条件）可自费购买服务→老人或家属与居家养老服务中心签订服务协议。

其次，综合考虑近年来顺德区经济发展状况、老龄化发展速度、护理服务市场化价格、长者护理级别等因素，顺德区政府统一提高了居家养老服务资助标准，从 2019 年 1 月起，将全额资助标准从现时的每人每月 610 元调整为 700 元，半额资助标准从现时的每人每月 305 元调整为 350 元。截至 2019 年，接受居家养老上门服务 1386 人（其中政府资助 1383 人），接受"平安钟"服务 4 969 人（其中政府资助 4 665 人）[1]。

最后，政府还对居家养老服务展开了调研评估。2018 年，顺德民政和人社局委托第三方评估机构对全区 10 个镇街 11 个项目点的居家养老服务进行了全面评估，深入把握了每个项目点及全区居家养老服务的整体情况，呈现了现阶段顺德区居家养老服务存在的问题，并针对不同主体提出了改善建议。2019

---

[1] 资料来源：《顺德区养老科工作总结》。

年上半年，顺德区政府主要开展居家养老服务模式改革调研，通过对接受或未接受居家养老服务长者、居家养老服务机构以及到周边较发达地区的调研，梳理现时模式存在问题、改革前后衔接过渡以及新模式实施路径。针对存在的问题及改善建议，启动居家养老服务主题培训及交流项目，促进各服务机构的共同进步。

（二） 以社区养老为依托

2013 年，顺德区在星光老年之家的基础上逐步开始建设长者综合服务中心、农村幸福院、长者食堂以及日间照料机构等社区养老服务设施，不同程度地回应社区长者各方面的需求。其中最为核心的养老服务设施当属长者综合服务中心。

顺德区出台《顺德区镇街长者综合服务中心建设实施方案》，推动各镇街长者综合服务中心建设，这些中心融合了配送餐、文娱活动、日间托老、康复保健、心理慰藉等系列服务。目前，各镇街已建成至少 1 个长者中心并投入运营，并以此为核心把服务辐射至各个社区，逐步推进社区和村一级长者服务中心的建设，其中设立长者饭堂的社区有 21 个。

为了推进长者综合服务中心的规范化、标准化、高质量运营，顺德区政府对镇街中心的场地要求、服务设置、人员配置、补贴金额作出了详细规定[1]。

在场地要求方面，中心首先要做到合理选址，依托镇（街

---

　[1]　资料来源：《顺德区镇街长者综合服务中心建设实施方案》。

道）、社区，整合现有社会资源，利用敬老院、老年大学、家庭服务中心、星光老年之家等服务机构的空闲场地，或租用社区空（闲）置房屋、场地进行改造建设。要求建在辖区内方便老年人出行、生活的地段，交通便利，临近医疗机构等公共服务设施，环境安静，采光和通风良好，与高噪声、污染源的防护距离符合有关安全卫生规定。在建筑低层部分建设，相对独立，二层以上应设置电梯或无障碍坡道。其次，还需要合理布局。根据老年人的特点和各项设施的功能要求，合理设置老年人的生活服务用房、保健康复用房、娱乐用房及辅助用房。再次，要保障 500 平方米以上的建筑面积，以及符合老年人建筑设计、建筑物无障碍设计等规范、标准的要求和规定。

在服务设置方面，需要综合提供以下服务：

（1）助餐服务。结合老年人身体情况和营养结构，合理配搭食物，为长者提供配餐、聚餐、居家送餐等服务。

（2）日间托老。为日间缺乏照顾的体弱长者提供日间照料和服务。

（3）康复保健。对长者开展健康评估，提供专业护理服务，为有需要的长者开展符合个人情况的康复训练和治疗性运动。

（4）家政服务。为长者提供上门家居清洁、外出购物、陪护就诊等服务。

（5）紧急援助。与"平安钟"机构联动，为有需要的长者提供紧急援助服务。

（6）心理慰藉。为长者提供心理辅导等服务，让长者保持良好心理状态。

（7）服务培训。为长期留于家中照顾体弱长者的家庭以及养老服务员、助老员、养老服务机构的从业人员提供老人照顾技巧培训。

（8）文娱活动。为长者提供休闲娱乐的场所，开展各类适合老年人身心特点、丰富老年人精神生活的学习、交往、文体及娱乐活动。

（9）信息查询。为长者提供社会保障公共服务信息和政策的自助查询及参保证明打印等自助服务。

除上述必须具备的服务项目外，可选择暂托服务、陪护服务、长者培训、护老资源借助、转介服务、法律咨询等项目充实服务内容。对在家庭服务中心基础上扩建或改建的长者综合服务中心，如家庭服务中心已设置相关服务，长者综合服务中心不需重复设置。

在人员配置上，组建包括社工、护士、康复师、护理员等专业人员的高素质服务队伍。为长者提供上门服务的家政服务员按照平均每 6 名服务对象不少于 1 名的比例配置，且每名家政服务员最多同时服务 8 名老人。通过招用全职或兼职人员、与相关机构签订合作协议等方式，配备社工、医护人员、康复人员提供相关服务。

在补贴金额上，对在 2014 年底前按要求完成长者综合服务中心建设并通过验收投入使用的镇街，区福利彩票公益金与镇街财政（含福彩公益金）投入按 1：1 比例补贴建设经费，每个镇街的补贴资金最多不超过 100 万元。2015 年及以后通过验收的，建设经费由镇街负担，区不再补贴建设经费。运营费用由镇街负担。

　　2017 年顺德区社会创新中心的《顺德区社区养老服务需求及服务现状解读》报告针对顺德区长者综合服务中心的设立和运营情况进行了总结，情况如表 6－10 所示。

表 6－10　顺德区长者综合服务中心一览表

镇街	机构名称	运营主体	成立时间	服务内容	人员配备	床位数	项目收费
大良	爱心长者日托中心	佛山市顺德幸福家庭服务中心	2013	① 日常生活托管；② 爱心饭堂；③ 心理慰藉；④ 各类康乐文娱活动	社工、护理员	20 张	日间托老服务：45元/天
容桂	容桂长者综合服务中心	夕阳红老年人护理中心	2015	① 日间护理、临托、全托；② 心理慰藉；③ 康复理疗；④ 各类康乐文娱活动	社工、护士、康复治疗师、护理员	100 张	① 日间托老服务：50元/天；② 临托服务：150 元/日；③ 全托服务：3 200元/月
勒流	勒流长者综合服务中心	一心社工	2015	① 日间护理；② 爱心饭堂；③ 心理慰藉；④ 康复理疗；⑤ 各类康乐文娱活动	社工、护士、康复治疗师、护理员	20 张	日间托老服务：100元/月
伦教	伦教长者综合服务中心	伦教颐养院	2015	① 日常生活托管；② 心理慰藉；③ 各类康乐文娱活动	社工、护理员	20 张	日间托老服务：70元/天

（续表）

镇街	机构名称	运营主体	成立时间	服务内容	人员配备	床位数	项目收费
乐从	乐从长者综合服务中心	颐乐居家养老服务中心	2013	① 日间护理；② 爱心饭堂；③ 心理慰藉；④ 康复理疗；⑤ 各类康乐文娱活动	社工、护士、康复治疗师、护理员	25张	日间托老服务：50、80元/天
北滘	北滘长者综合服务中心	北滘余荫院	2017	① 日常生活托管；② 爱心饭堂；③ 各类康乐文娱活动	社工、护理员	20张	日间托老服务：50元/天
龙江	龙江长者综合服务中心	祥信社工	2016	① 日间护理、全托；② 心理慰藉；③ 医疗保健；④ 智慧养老	社工、护士、护理员	40张	暂时免费
杏坛	杏坛长者综合服务中心	星宇社工机构	2014	① 日常生活托管；② 心理慰藉；③ 各类康乐文娱活动	社工、护理员	20张	500元/月

在构建长者综合服务中心这一服务载体的基础上，为了整合社区各类养老资源，集约化发展社区养老服务，建立辐射型的社区养老服务平台，顺德区从 2016 年开始连续三年大力培育社区养老服务组织，明确经费补助方案、补助范围、补助原则、申报办法等，每年投入 200 多万元对镇街社区养老服务项目进行资助。自 2016 年至今，顺德区已资助 27 个社区养老服务项目开展服务，2019 年更是将财政投入资金增加到 1 200 万元。2018 年起，此项目纳入区"众创共善"平台，探索研究社区养老服务组织的

培育方式，通过竞争遴选优秀社区养老项目和社会力量。2019年资助社区养老服务中心硬件提升 11 个，支持开展家门口"托老"服务项目 12 个[1]。

此外，为了实施社区养老统一规范的建设和评审标准要求，顺德政府 2018 年推动形成《顺德区社区养老服务中心运营实施手册》及其评估指引，2019 年要求受财政资助的项目符合《顺德区社区养老服务中心运营实施手册》及其评估指引要求，必须开展基础服务＋自选服务，精神慰藉、文化娱乐、老年教育、志愿服务、生活照料、转介服务、权益维护或其他为基础服务，且需要在助餐配餐、康复保健、医疗协助中选择一项以上的自选服务，让社区养老服务既标准又有特色。

经过上述努力，顺德社区养老取得了丰硕的成果。截至 2019 年，顺德成熟的社区养老服务组织项目品牌包括顺心社工的"众善乐融"项目，已覆盖大良大门、顺峰、五沙、北区社区、容桂华口、马岗社区等。在长者综合服务中心方面，如乐从长者综合服务中心、勒流长者综合服务中心、龙江长者综合服务中心等也各有特色。2014 年，顺心社工设立了众善乐融长者服务中心，其中最大的特色是开设了长者素食食堂＋福田农园（空中花园），食堂免费为 60 岁以上的老人提供午饭。在资金上，目前不仅有社区的资助，还通过参加顺德区众创共享公益大赛、相关职能部门购买服务以及爱心企业家、协会的资助等方式扩大资金来源，推动项目的持续良好发展，该模式正在逐步拓展到其他社区。

---

[1]　资料来源：《顺德区社区养老工作总结材料》。

此外，2019年1月勒流街道黄连黄中北路68号地块出让，该地块土地面积110 377.58平方米（折合约165.57亩），共分为A、B、C、D、E五区，其中，该地块C区要求配套建设不小于30 000平方米的康复体检中心，且须设置不少于200个公益性床位（该公益性床位的收费标准参照勒流街道敬老院床位的收费标准，并不是免费提供）。该地块地处勒流未来发展的重点区域，随着周边菊花湾大桥项目、勒流滨水生态区项目的推进，将进一步提升规划区的区位和交通优势。另外，该地段教育、医疗、生活配套完善，作为顺德区首宗一站式全龄化养老社区用地，该地块以养老、养生、高端、独立产权、养老公寓为基础，以高水平专科医疗护理医院为保障，以产业研发带动拓展为专业服务空间，以本地周边良好环境、生态农业和旅游为支撑，以本地特色膳食为吸引，建设国际一流专业养老机构，丰富本地产业结构[1]。

（三） 以机构养老为补充

机构养老是最传统的养老服务供给方式。近年来，为满足社会对养老服务设施的需求，顺德区大力发展机构养老服务。截至2019年，顺德区共有养老机构19家（公办13家，民办6家），共有床位4 133张（公办2 755张，民办1 378张）。其中，五星级养老机构1家，三星级养老机构7家，二星级养老机构2家（见表6-11）。

---

[1] 广州日报：《长者中心长者饭堂都来了》，2019年1月28日，https：//baijiahao.baidu.com/s？id=1623858568696369937&wfr=spider&for=pc.

表6-11　顺德区敬老院一览表[1]

序号	机构名称	登记性质	床位数/张	占地面积/平方米
1	佛山市顺德区大良街道凤城敬老院	事业单位	210	3 180
2	佛山市顺德区龙江镇敬老院	事业单位	330	15 375
3	佛山市顺德区容桂街道冯派普敬老院	事业单位	150	2 300
4	佛山市顺德区大良街道大门敬老院	民办非企业	80	3 300
5	佛山市顺德区容桂街道容桂敬老院	事业单位	203	8 700
6	佛山市顺德区均安镇敬老院	事业单位	98	8 911
7	佛山市顺德区伦教街道敬老院	事业单位	170	5 132
8	佛山市顺德区杏坛镇敬老院	事业单位	135	8 886.7
9	佛山市顺德区乐从镇敬老院	事业单位	169	8 098
10	佛山市顺德区金秋颐养院	民办非企业	126	5 300
11	佛山市顺德区北滘镇余荫院	事业单位	430	27 000
12	佛山市顺德区陈村镇敬老院	事业单位	100	2 260
13	佛山市顺德区勒流街道敬老院	事业单位	180	8 800
14	佛山市顺德区大良颐年苑	事业单位	253	4 299
15	佛山市顺德区颐养院	事业单位	276	62 000
16	佛山市顺德康孝园养老服务有限公司	企业	130	3 000
17	佛山市顺德区容桂颐和居养老院	民办非企业	100	1 742
18	佛山市顺德区康乐颐养院	民办非企业	111	4 662
19	佛山市顺德区善耆养老院	民办非企业	830	52 162

---

[1]　数据来源：佛山市顺德区民政和人力资源社会保障局网站。

机构养老也是三大服务供给模式中，政府介入程度最深的服务。政府全方位参与到养老机构硬件设施升级维护、养老机构服务标准设定、养老机构社工督导、养老机构入住老人评估、养老机构服务人员培训和养老机构的日常监管等方方面面，主要表现为财政投入、标准制定、考核评估、链接资源、检查督办等。

在财政投入方面，顺德区政府通过竞争性分配对各镇（街道）公办养老机构硬件提升进行资助，2019年通过公开评审已确定投入700万元用于公办养老机构硬件提升，并将范围扩大到社区养老服务点、镇街长者综合服务中心、老年大学硬件建设，合计资助47个养老服务设施硬件提升（其中公办养老机构24个，镇街长者综合服务中心8个，镇街老年大学4个，社区养老服务中心11个），约1615万元。对民办养老机构善耆养老院发放新增床位及运营费补贴共152.45万元，支持民办养老机构发展。此外，政府还直接资助养老机构的社工服务。经申报评审并已下拨2019年养老机构社工服务项目资助资金共117万元到各镇（街道）养老机构。

在标准制定方面，2017年顺德区民政和人社局委托区老年促进协会建立一套符合顺德区特色的机构养老标准化管理体系，主要是对养老机构软、硬件服务实施标准化和规范化管理，该标准于2018年正式发布。政府通过统一督导、培训、考核等措施推动《顺德区养老机构服务标准化操作指南》在养老机构全面实施。

在考核评估方面，2017年顺德区在全市率先开展养老机构入住老人统一评估，对试点养老机构入住老人的身心情况等进行综合分析评估，确定老年人护理等级，将评估结果作为老年人入住、制定护理计划和风险防范的主要依据，也作为顺德区民政和人社局资助民办养老机构运营补贴的依据。截至 2019 年上半年，已完成 1 080 人评估，其中年度评估 1 023 人，日常评估 57 人。此外，政府也针对 2018 年度社工服务开展评估，评审合格方可申请 2019 年社工服务资助，截至 2019 年上半年评估工作已完成，16 家受资助机构优秀 12 家，良好 4 家。

在链接资源方面，政府为养老机构社工服务链接督导培训服务，包括基础课程和拓展课程的专题培训，个别督导、专题督导和监测支持三个类别的社工服务督导以及开展五期社工沙龙。此外，政府还组织养老机构人才队伍参加各级养老机构服务人员培训班，2019 年上半年组织参加省厅养老机构院长培训班、市局养老服务人才继续教育暨消防安全培训班一级区级养老机构责任保险专题宣讲、养老福利机构消防安全培训班、2019 年养老机构作业技能培训班（第一期）等。

在检查督办方面，政府全面负责各机构的日常安全督查。政府首先通过购买服务的形式委托第三方专业机构对区内养老机构每月开展一次安全生产、消防隐患排查检查工作，根据第三方服务机构反馈的情况，督促养老机构及时落实整改措施。其次，对全区敬老院建筑安全进行摸底调查，并根据摸底调查结果以及安全生产"一岗双责"的有关要求，对区内三家镇属敬老院进行了建筑安全整治督办。同时委托第三方专业机构对顺德区养老机构的建筑安全和山体滑坡隐患进行检查并出具检查报告，报告包括建筑物存在的问题及整改意见。最后，对照乡镇敬老院专项整治 8 个方面 56 项检查内容，顺德区民政和人社局每月对全区乡镇敬老院逐一巡查一遍，建立巡查台账，要求各镇（街道）人社局确定专人督查制度，每周对辖区内敬老院逐一巡查，对排查出来的每一个隐患和薄弱环节，立即要求进行整改，不能立即进行整改的要逐一制定整改方案，做好责任、措施、资金、时限和预案落实，确保辖区内养老机构的安全。

存在的问题

（一）合作关系未充分建立

经过多年的探索，顺德区公共服务的供给已经从政府为主的单一主体，不断吸纳社会力量，逐步发展成为现在政府、事业单位、社会组织和民营企业共同供给的复合模式。但从整体来看，养老服务的供给主要呈现出政府主导的事业单位和社会组织的供给为主，民营化程度不高。在机构养老方面，现存的 19 家养老院中，其中事业单位有 13 家，占养老院总数的 69％；民办非企业 5 家，占比 26％；而企业只有 1 家，占比 5％。在社区养老方面，主要是通过政府购买服务的方式，由政府出资，社会组织进行服务具体递送的方式进行。

除了民营参与主体较少外，已参与顺德养老服务供给的民间组织的合作深度也有待提高。有研究认为，政府与民间组织关系有四种基本模式：政府支配模式、民间组织支配模式、双重模式和合作模式。其中合作模式存在两种不同形式："共销"和"合作伙伴"，但在"共销"中，民间组织的参与是不足的。二者的主要区别在于"合作伙伴"中，民间组织是否能够真正参与到关于服务内容、服务范围、服务输送、资源分配等议题的讨论中，与政府共同商议，做出决策[1]。

尽管顺德出台了多项政策鼓励多元主体参与公共服务供给且能与公益组织达成共同的目标，但是在政府与民间组织的具体互动过程中，政府主要扮演政策制定者和资金提供者角色，民间组织仅仅起到服务递送的作用，较少参与到服务标准的制定中。因此二者的合作关系处于"共销"阶段，还未充分建立"合作伙伴"的关系。

在多元主体参与公共服务供给的过程中，顺德政府、事业单位、社会组织与企业之间的边界在哪？以什么样的关系共处？合作关系建立存在什么障碍？以上都是亟待解决的关键命题。首先是多元主体共处的边界问题。尽管随着政府权责清单逐步明确，政府努力做到"不缺位""不越位"和"不错位"，但是在长期的互动过程中，部分事业单位与社会组织已经和政府形成了行政嵌入，成为政府的"下属部门"，失去了独立性，难以与政府形成平等的合作关系。政府与其他服务供给主体之间的关系，只有形成"合作关系"才能真正意义上实现合作治理。但这仍然面临诸多挑战，包括政府职能转变、资源配置的市场机制、社会组织发展成为独立主体等方面[2]。

[1] 章晓懿. 政府购买养老服务模式研究：基于与民间组织合作的视角 [J]. 中国行政管理，2012（12）：48-51.
[2] 姜玉贞. 社区居家养老服务多元供给主体治理困境及其应对 [J]. 东岳论丛，2017，38（10）：45-53.

（二）公平与效率难以平衡

1. 公共服务供给公平的挑战

顺德政府在调整自身职能的过程中，在不同程度上出现了"越位""错位"或"缺位"的现象。当政府采取购买服务的方式进行公共服务的供给，政府与服务供给者之间呈现"委托-代理"的关系，作为"代理人"的服务供给者在实现目标过程中，往往面临"公益"与"盈利"的博弈。当两者发生目标冲突时，为了自身的发展，他们往往会以牺牲"公益"为代价。随着民营化程度进一步加深，市场机制将发挥更大作用，民营企业更乐意提供附加值高的产品以求"盈利"，而对于无利可图的公共服务采取"忽视"或"应付"的策略，从而影响了公共服务供给的"公平性"[1]，无法从真正意义上满足广大人民的根本需求。

2. 公共服务供给效率的挑战

在确保公共服务供给的公平方面，政府起着无可替代的关键作用，一方面在普惠性、基础性和兜底性的民生建设方面，政府发挥主体作用；另一方面在非基本公共服务方面，需要通过政府购买服务等方式调动社会力量参与供给的时候，政府则发挥监督和管理作用。但服务供给公平性的保障，往往在一定程度上影响供给的效率。

首先，政府往往直接通过职能部门或事业单位提供普惠性服务。职能部门在服务供给过程中往往更注重依法合规，不以供给效率为目标；当事业单位承担普惠性、基础性和兜底性的公共服

---

[1] 吉鹏. 社会养老服务供给主体间关系解析——基于委托代理理论的视角[J]. 社会科学战线，2013（6）：184-189.

务供给时，由于是依靠政府财政支持的，同样会以公平性优先而忽略效率。

其次，在非基本公共服务方面，政府主要采取购买服务的方式，调动社会力量参与其中，并发挥监督作用。然而，顺德当前的实践显示政府与社会力量的合作关系仍处于探索阶段。近几年来，顺德通过启动"众创共善"计划，以项目探索先行，通过"小额资助、项目试点"的形式，为政府购买服务积累了经验，但总体上还未形成成熟的购买服务评价机制，以确保公益创投项目的成果转化和公共服务供给的效率提升。

最后，政府监督管理公共服务供给的过程中，受到长期以来"包办"思维的限制，常常出现"越位"现象，过度干预具体的供给过程，或者要求服务供给主体承担一定的政府行政任务，在很大程度上影响了公共服务供给的效率。

顺德公共服务供给的改进建议

公共服务供给是县域治理的重要内容之一，顺德区政府在公共服务供给过程中发挥着承上启下、内外联动的关键作用，因此需要处理好与上级政府和基层政府之间的关系，同时也要协调多部门之间的关系，以应对跨部门合作的公共服务供给事项。此外，在梳理政府与多元服务供给主体关系之前，还需要明确政府自身的关键定位。

首先，作为县域政府，顺德区对上接受佛山市政府领导，对下指导各镇街工作，在制定公共服务供给具体工作方案时，不能简单地进行文件的"直接转发"，而需要结合顺德区的实际情况，制定"因地制宜"的本土性方案，并且方案需要行之有效，而不是简单的方向性意见和建议。

其次，当具体工作涉及多部门合作时，需要在方案中明确规定好合作的事宜，并且落实牵头单位责任，形成政府内的沟通协调机制。

最后，在公共服务供给体系中，政府与多元主体的共同参与尤为关键。由于政府长期扮演主导角色，多元主体的参与往往基于制度环境的宽松程度，甚至需要来自政府的"入场券"或直接"内嵌"于政府部门。这种角色定位难以实现服务供给的效率与公平目标的平衡。因此，顺德区政府需要与多元主体建立一种新型关系：合作伙伴关系。合作伙伴意味着：权利共享，信息共享，责任共担，达成信任、公平、相互尊重的合作意愿，并形成基于伙伴关系的绩效评估[1]。政府需要从服务的直接供给者，转变为服务的规划者、协调者、监督者和制度保障者，为公共服务体系的建设提供发展方向、解决多主体互动产生的矛盾和冲突、监督服务供给的公平与效率，并为服务供给提供必要的制度支持。

公共服务供给体系的建立离不开科学的制度保障，以实现公共服务供给发展的目标，实现公共服务供给效率与公平的平衡。制度保障需要从两个维度展开，一方面需要"限制"；另一方面需要"鼓励"。"限制"主要针对"公平"目标的达成，要明确政

---

[1] 郁建兴，瞿志远. 公私合作伙伴中的主体间关系——基于两个居家养老服务案例的研究 [J]. 经济社会体制比较，2011（4）：109－117.

府在普惠性、基础性和兜底性民生建设的主体作用，因此需要依法保障该类服务的供给，杜绝违规违法行为；"鼓励"主要针对"效率"目标的达成，促使政府有效动员更多社会力量参与公共服务供给，创新公共服务提供方式。

第七章

顺德县域文化治理

本章作者：黄琪岚、王穗风、陈那波

近年来，文化治理的重要性日益凸显。党的十九届四中全会全面阐述了文化在国家治理中的重要意义，指出文化繁荣是国家治理体系和治理能力现代化的重要目标。文化治理，是指依据文化自身规律，对文化资源、文化权力等要素进行配置，从而充分发挥文化在经济社会发展过程中的重要作用[1]。文化治理的对象是一个国家或地区的文化软实力，其中包括传统文化、政治文化、文化安全、文化产业和文化服务等多种表现形式，文化治理不同于政治、经济治理，具有更广泛、更深远、更复杂的治理特征，对国家治理现代化有着潜移默化和深远持久的影响。作为国家文化治理的基本单元和根基，县域基层文化治理的重要程度不言而喻。

在顺德，文化治理是县域治理体系的重要因素和内涵。顺德拥有得天独厚的人文历史优势、地域特色，以及多种当代文化产业与公共文化事业，为顺德区意识形态和文化建设创造了有利的治理平台条件，同时也决定了文化治理对象的复杂性和多样性。为了与之相适应，顺德在多次机构改革后，形成了以宣传部为核心、多元主体共同参与的文化治理网络，作为文化治理主体，致力于整合与协调顺德各类组织资源、文化资源和社会资源，在因

---

[1] 人民论坛：《文化治理，关键在"治"》，2018 年 11 月 8 日，http：//www.rmlt.com.cn/2018/1108/532613.shtml.

地制宜的基础上与时俱进，坚持服务大众和政策创新导向。为了应对当地的文化治理特性，顺德形成了不同强制程度的三种治理工具，呈现了分类施策与交叉互补的特征。针对不同类型的文化治理事务，还采用了重点项目的归口统合、日常项目的按章办事、外包项目的主导合作等三种差异化的治理机制，取得较为出色的治理效果，为县域文化治理提供了鲜活的素材和宝贵的经验。

治理平台：历史与现实

历史优势：深厚的文化资源与人文传统

顺德有着丰富的文化资源和深厚的地域文化精神，为顺德当代文化事业和产业发展以及文化治理格局奠定了坚实基础。

首先，顺德继承了不同时代的文化资源，古建筑、书画、粤剧、龙舟以及美食都构成了顺德文化必不可少的多元元素。顺德的水乡文化底蕴深厚，有多家颇具盛名的文物保护单位，例如，乐从何氏家庙、北滘报功祠、郑氏大功祠、龙江梅氏大宗祠、伦教月池何公祠等。在岭南书画界，顺德享誉盛名，名画家辈出。同时，顺德也是粤剧的重要发源地之一，粤剧曲艺于 2006 年获评为顺德首批国家级非物质文化遗产项目。除此之外，顺德也是"中国厨师之乡"。顺德菜以丰富多样的制作物料著称，以博采众长的烹饪技艺而闻名，以清、鲜、爽、嫩、滑为突出特色。顺德下属的大良、勒流、容桂、伦教、陈村、乐从、北滘、龙江、杏坛、均安等十个镇街都拥有自己的特色美食。例如，炒牛奶、大良双皮奶、姜撞奶、金榜牛乳、大良蹦砂、伦教糕、陈村粉和鸡仔饼等。围绕美食特色，顺德形成了诸多美食、旅游产业集群，发展了配套成体系的政策创新与实践。

其次，顺德还注重发扬求真务实、勇于创新的地域文化精神，提炼出属于顺德自己的治理智慧。改革开放以来，顺德多年保持快速与稳健的发展，离不开顺德的人文传统——求真务实、敢为人先、重商崇文的可贵品质，这些铸就了充满活力的民营企业以及良好的顺德政企关系，使顺德充满了走在排头、勇当前列的信心。

当代发展：繁荣的文化事业与文化产业

近年来，顺德逐渐形成公共文化事业、文化产业[1]等多种业态蓬勃发展、相互融合的文化发展模式，并取得了一定成效。这种文化业态百花齐放的现状使得顺德文化治理对象异常丰富，因此形成了文化事业、文化产业的差异化发展路径和治理逻辑，塑造了顺德文化治理平台的多层性、治理主体的多样性。

在公共文化事业方面，顺德围绕公共文化服务建设，动员区内文化资源、人力资源和社会资源，突出公共文化服务产出和供给效能。顺德各文化单位在公共文化服务建设过程中处于核心关键位置，承担着组织建设和规划实施的主导角色。例如，顺德各

---

[1] 文化事业与文化产业的区别在于，前者是社会公益性的，由国家机关或其他公共组织运营，后者是生产经营性的，由企业组织运营。

文化单位结合本地实际情况，制定各项规划纲要与指导意见；培育多种类型文化队伍，创建文化品牌活动和文化赛事；加强文化遗产保护，推广顺德区城市名片，构建公共文化服务网络。顺德已取得"广东省公共文化服务示范区"的称号，形成具有特色的文化品牌；基本形成覆盖区、镇街与村居三级的公共文化服务设施网络。顺德的文化事业已形成长期持续、充满活力的发展格局[1]，将政府主导、社会参与和市场融合紧密结合，实现了资源聚合、产品再造和服务输出，为顺德积累了丰富的文化资源和切实可行的文化治理经验。

在文化产业方面，到"十二五"规划末，顺德全区共有文化企业 3 000 多家，从业人员 6 万多人，全区文化及相关产业法人单位增加值占地区生产总值比重达 5.2％[2]。顺德文化产业已成为县域经济建设的重要组成部分，形成了较为完善的产业发展方向和成熟的竞争文化市场。顺德文化产业百花齐放，较为突出的子产业有新闻信息服务、内容创作、文化娱乐休闲服务、创意设计服务等行业。

其中，新闻信息服务行业涉及区内重大新闻或热点事件的发布及跟踪，随着移动互联网时代的到来，自媒体企业也活跃参与到新闻行业中。然而，新闻行业的蓬勃发展也伴随着诸如新闻源头真实性存疑、为圈流量而发布谣言等一系列市场缺陷；内容创作行业涉及书籍、影音等方面的出版和发行；文化娱乐休闲服务行业包括文旅融合产业，是顺德区文化产业经济效益实现的重要

---

[1]　叶卉时. 顺德年鉴［M］. 北京：方志出版社. 2018：266‐267.
[2]　资料来源：《广东省佛山市顺德区文化事业发展"十三五"规划》。

组成部分，高度依托于政府政策和各大文旅项目的实施；创意设计服务行业涉及动漫、文化 IP 等各种文化创意生产、供给、申请、使用等，也是顺德区文化产业增值的重要组成部分。由于这类行业的产权类型较新，也时常需要便捷的政务服务加以扶持。

针对这些治理特点，顺德将文化治理与区域经济发展目标相结合，有效依托区域内得天独厚的历史文化条件，主动融入文化市场要素体系，致力于在文化市场中引导要素配置、创造竞争环境和实施审批管理，呈现了县域政府引导、市场配置和社会参与的发展态势，实现了文化与经济的快速融合。

那么，顺德具体采取了什么样的文化治理结构，有哪些治理主体参与到了县域文化治理中，又使用了哪些治理机制和工具来进行文化治理？这些将在下文进一步阐述。

治理主体：以宣传部为核心、多元主体参与

顺德区的文化繁荣离不开顺德的文化治理主体——以中共顺德区委宣传部（区文化广电旅游体育局）为核心、多元主体参与的文化治理网络。该网络呈现圈层化的形态特征（见图 7 - 1），核心圈层（第一圈层）是指包括区委区政府、区委宣传部（区文化广电旅游体育局）等在内的宣传系统。其中，区委区政府作为全区宣传工作的领导机构，起到定方向的作用，但具体宣传思想和文化方面相关的工作部署安排是以区委宣传部等为核心的宣传

系统负责。第二圈层则由其他区直单位构成；与强调科层等级制关系的前两个圈层不同，第三圈层呈现出灵活性、扁平化特征，包含了顺德区本地的大量社会组织、社区、文化企业和公民个体。

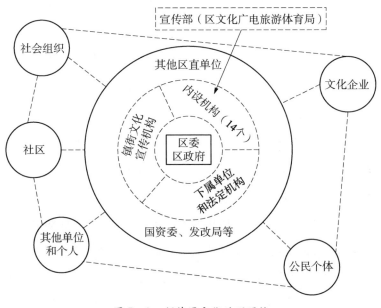

图 7-1　顺德区文化治理网络

一个核心：以顺德宣传部为主体的宣传系统

顺德区文化治理的核心主体是区委宣传部，该部门在引导社会舆论、建构社会意识形态、推进重大文旅项目、形成文化品牌以及部分文化职能调整等方面发挥了举足轻重的作用。接下来，主要介绍作为核心的顺德区委宣传部（区文化广电旅游体育局）的业务职责、组织构成以及人力资源。

（一）业务职责

2009 年"大部制"改革后，顺德区委宣传部（区文化广电旅游体育局）和顺德区文化广电旅游体育局"合署办公"，因此区委宣传部（区文化广电旅游体育局）承担了思想政治建设与文化建设的双重工作任务。区委宣传部（区文化广电旅游体育局）的工作大致分为行政工作和业务工作两部分，其中业务工作分为四大类：思想政治、文化执法、文化事业和文化产业。

首先，顺德区委宣传部（区文化广电旅游体育局）需要大力扶持并发展文化事业，其核心目标是构建为人民服务的公共服务文化网络，营造文化精神与文化氛围，传承与保护文化实体。

其次，顺德区委宣传部（区文化广电旅游体育局）致力于文化产业与旅游产业兼容一体化发展，建立文化产业发展的前端规划指导，打造文旅产业发展的基础设施，协助区内优势企业开发产品资源，争取上级重要资源与政策支持，协助建立并深化品牌持续影响力。

再次，顺德区宣传部（区文化广电旅游体育局）执行文化执法的职能，配合上级检查以及主动进行区内常规检查。

（二）组织构成

在内设机构方面，顺德区委宣传部（区文化广电旅游体育局）共分为 2 个执法支队和 14 个内设机构：办公室（法规科）、机关党委、理论科（政工职评办公室）、宣传科（对外宣传办公室）、网络信息管理科、精神文明建设科（区国防教育办公室）、文化艺术科、公共服务科、文化遗产科、行业和市场管理科（出版版权科、审批服务科）、体育科、产业发展与资源开发科（世界美食之都建设办公室）、执法一大队和执法二大队。从纵向链条上看，其下属单位有6个，分别是顺德区清晖园博物馆、区图书馆、区博物馆、区业余体校和区体彩中心、顺德区文化艺术发展中心；此外，在乡镇街道也设有相应的宣传部门及宣传委员等岗位，大部分区直单位也设有宣传岗位（见图7-2）。

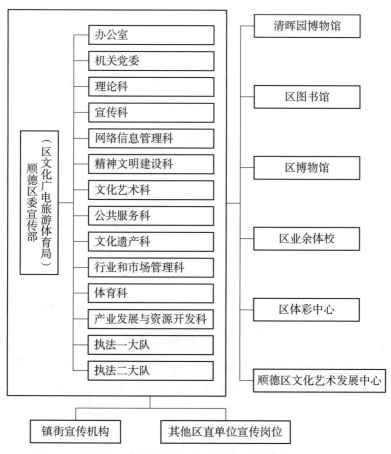

图7-2　顺德区区委宣传部（区文化广电旅游体育局）行政系统

（三）人力资源

顺德区委宣传部（区文化广电旅游体育局）分为宣传部（区文化广电旅游体育局）本级与下属事业单位。在这两类机构中，编制结构、人员管理方式具有明显的差异。

从编制结构来看，近年机关单位人数变动不大，唯一的变动在于执法专项编制、离退休人员与部门领导职数的变动。由此可见，顺德区委宣传部（区文化广电旅游体育局）对于机关单位的人员控制极其严格，而整体呈现编制缩减的趋势。与机关单位不同的是，在宣传部下属的 5 个事业单位中，各自的人员职数和控员[1]数都有所差异，但总的来说，控员数量都超过职数三倍。事业单位通过设置控员岗位能够有效配置人力资源，灵活引入相关人才，强化事业单位队伍建设的专业性和科学性。

从人员构成和管理方式来看，机关单位人员的男女比例为 9：5，中青年职工（40 岁以下）在岗员工占比 52.4%，干部年轻化趋势较为突出，其工资来源于财政拨款。而事业单位的主要构成人员大多用工形式为劳动合同，签订合同为长期合同（如十年以上），大部分人员具有专业技术职称。近年事业单位控员内岗位数减少 4.3%，然而控员外人数[2]增多 24.6%。这也说明事业单位在科学引才的基础上，也会严格管理控员岗位，讲求原则性和灵活性相结合。

---

[1] 人员职数指的是有编制人员。控员则是无事业编制，相当于雇员。
[2] 控员无编制，但也受岗位管理。控员外人数即岗位管理外人员，正式化程度比控员更低。

总体来看，顺德区委宣传部（区文化广电旅游体育局）人员管理分为机关单位和事业单位两套差异化的管理模式。相对机关单位来说，事业单位采取编制外招聘雇员等方式，显得更加灵活有效。这也反映了顺德政府用人的总体趋势：定编定岗的职数在不断减少，而灵活用工的人数在不断增加。

除了区宣传部及其下属单位，全区的宣传工作需依靠各区直单位的宣传岗位和各镇街的宣传机构来落实。资料显示，区直单位总数有 55 个，设有宣传工作机构的占比为 31％；设有宣传工作岗位，但不设宣传工作机构的占比为 54.5％，未设宣传工作岗位的单位数占比仅仅只有 14.5％。而在乡镇（街道）的宣传岗位上，全区乡镇（街道）有 10 个，设有宣传委员的乡镇（街道）占比 90％，其中，无其他兼职的占比 20％，有其他兼职的占比 70％，无明确责任人、未设宣传委员的乡镇（街道）占比 10％。由此可见，全区的宣传人力资源达到了 90％以上的覆盖率，这有效确保了宣传部对全区宣传工作的广泛而强有力的部署。

多元参与：区直单位、社会组织及公民

除了作为核心的顺德宣传系统外，其他配合区委宣传部（区文化广电旅游体育局）的行动主体包括相关区直单位、社会组织、文化企业、社区、公民个体和其他单位及个人。

首先，其他区直单位如发改局、区自然资源局等在文化政策制定和执行链条上起到协助作用。作为"大部制"的产物，区委

宣传部（区文化广电旅游体育局）具有统筹有关部门、牵头重点项目等综合协调功能。笔者观察到在文旅项目推进时，区委宣传部（区文化广电旅游体育局）往往作为牵头部门，一般还会涉及区发改局、区国资委、市自然资源局顺德分局、区市监局等有关部门。此外，在文化治理与思政管理工作中，区委宣传部（文化广电旅游体育局）是最主要的行动主体，其他部门也往往需要配合，从而被整合到文化治理网络中。

其次，其他社会主体如社会组织、文化企业、社区、公民个体和其他单位和个人等，能够在区委宣传部（区文化广电旅游体育局）的引导和支持下，发挥自身社会参与能动性，参与到顺德文化治理中。区委宣传部与这些社会主体的互动关系，将在第三节具体阐述。

主体关系：治理职能的动态调整

在治理网络内部，各个治理主体之间存在着微妙的互动关系。多个治理主体之间的职能分配会受到行政体制、部门治理需要、当前经济发展目标等因素影响。

顺德区委宣传部（区文化广电旅游体育局）目前的职能范围便是经历多次改革、不断重塑后形成的。区委宣传部最初分管传媒、文化审批和意识形态等工作，属于传统文化管理体制的范畴。在后来的"大部制"改革中实行党政合一，将文体事业、文化艺术、文化公共服务、文化遗产等业务性工作纳入"大部制"的文化治理部门。最后，在维持"大部制"原状的基础上，强调发挥文化治理的综合性功能和业务性功能，根据全区统筹目标对职能进行微调，形成了管理和引导职能兼具、综合和业务职能兼备的职能结构。

具体而言，宣传部的职能有过三类调整。

（一）职能整合：以文化执法职能为例

第一阶段，2009年大部制改革后，顺德区委宣传部（区文化广电旅游体育局）将原区文体广电新闻出版局（版权局）除文化综合执法以外的职能划入宣传部（区文体旅游局）。此时部分"文化执法"的具体职能不归属于宣传部（区文化广电旅游体育局），而是归属于市场监督局。

第二阶段，2014年顺德区又进行了一轮大范围机构改革，但"文化执法"部分职能并未受到较大的调整，仍属于市场监督管理局，宣传部（区文化广电旅游体育局）仅仅有文物科执行"文物行政执法"的功能。

第三阶段，2018年4月顺德区开启新一轮机构改革，市场监督局的"文化综合执法职责"划入区委宣传部（区文化广电旅游体育局）。这次调整的起因是在面临部门联合执法的治理事务时，宣传部和市监局协调困难，整合业务的需求迫切。例如，顺德区艺术班曾多次出现师资不合格的执法事件。政府应市民投诉，要求宣传部（文化广电旅游体育局）进行整改，但是宣传部没有执法权，只好安排市监局里面的文化执法人员和宣传部（文化广电旅游体育局）的行管科的人前去检查与处罚。由于不在同一个部门运作，部门协调耗时较长，拖延严重。直到2018年的机构改革，宣传部（文化广电旅游体育局）又重新取得文化执法权，并由执法大队和行管科进行执法。宣传部的执法职能在三个阶段的变化体现出了治理网络主体之间的职能整合。

职能的调整、划分和变动也是政府里面好大一门学问。你看前几年，区里有个艺术班被人投诉师资不合格。区政府就下文让宣传部去整改，但是宣传部又没有执法权，不能光靠自己去处理。宣传部后来和市监局的文化执法人员协调，才能去艺术班那里取证调查等。但是几个部门协调确实有些难度，拖延了好久才处理完毕。[1]

（二） 职能摇摆：以旅游管理职能为例

在 2009 年职责调整中，原区经济贸易局（旅游局）的旅游管理职能划入宣传部（文体旅游局）；2014 年又将职责划入区经济和科技促进局，宣传部（区文化体育局）不再统管旅游发展职能；2018 年机构改革，"旅游管理与发展"又再次并入宣传部（文化广电旅游体育局）。

据科室人员介绍，旅游发展与管理不仅在政府多个部门之间有着调整，在科室变动中也有着相应的变化，例如，原有一个专门针对旅游发展的科室，而现在"旅游发展与管理"这一职能已并入"产业发展与资源开发科"，并不是单独的一个科室主责管理了[2]。

---

[1] 资料来源：SD1908I04001，见书尾附录说明。

[2] 资料来源：SD1907I06001，见书尾附录说明。

旅游的"归口管理"在经济线和文化线间来回摆动，归属经济线时旅游产业被看作一个注重效益的产业，归属文化线时则被看作一个文化品牌、文旅项目的建设途径。从这十年来的职能变迁中，可以看出全区对旅游产业的定位在不断变化与发展，也说明旅游产业在全区未来的产业发展上更倾向文化线，"文旅融合"是最近且未来发展的工作重点。这也能体现出在顺德文化治理网络中，各主体之间的关系并不是与经济治理、社会治理相割裂的，而是受到顺德区整体社会经济环境的影响。

（三）新增职能分配：以旅游咨询职能为例

在单个治理主体内部，也存在职能协调问题。例如，一项新的职能下派到宣传部，宣传部办公室需要负责统筹协调，对该项职能归属进行界定和划分。划分主要根据上级的职能设置和本部门的三定方案，对各内设机构进行相应职能调整。在实际操作中，职能调整往往需要经过办公室和各科室的多次博弈。

如旅游咨询职能在省市宣传部里由公共服务科（处）和行业管理科（处）承担，然而办公室按照区委宣传部部门的三定方案，将这项职能划拨给了 A 科。对此，A 科提出了不同的看法，向办公室申请协调。

这个旅游的职能，分到本科室这里是不应该的。首先，上级对口的科室不对，市里各局都是对口行管科（其他科室）。其次，经费源头不对。旅游咨询最大的不一样是用钱，如果你这个经费在我这里的话，我做没有问题的，但也要拿经费来说事，拿上级对口的部门来说事，不能拿部门的三定来分这个职能啊。[1]

由此可见，为了新增职能得到更合理的分配，实现政府机构上下对口和高效运作，治理主体内部的职能调整允许一定的协商讨论。一般而言遵循上级对口和经费对标原则，上级是什么科室负责，下级就什么科室跟进。如果治理事务繁忙，就可以采取权宜处理的方式，按照本级的三定方案实施，但相关科室可能也会借助上级对口原则与办公室展开谈判。

这也体现出在文化治理过程中，单一治理主体内部对于某职能也会有所分歧，各科室有各自利益诉求和主体意愿，相互存在博弈关系，职能分配博弈的最终结果将受到部门内部的业务重点、职能调整程序和当前治理需要等因素的影响。

治理方式：工具与机制

前两节侧重于从静态的角度介绍顺德的文化治理情境以及各类文化治理主体，本节将侧重从动态的角度梳理顺德文化治理的治理工具和治理机制，探究各类行动者是如何在各类文化治理事务中互动的，形成了哪些特定的文化治理模式。据笔者观察，在文化治理的治理工具上，顺德综合运用了自愿性、强制性和混合性等多种政策工具；在治理机制上，则形成了重点项目的归口统

---

[1]　资料来源：SD1908O06001，见书尾附录说明。

合、日常项目的按章办事、外包项目的主导合作等三种差异化的治理机制。

治理工具：分类施策与交叉互补

（一）不同强制程度的治理工具

治理工具是指政府在治理过程中所使用的手段和途径的总称，是伴随着治理理论在公共管理和公共政策领域兴起而不断发展的一个新概念。现代治理工具根据强制性程度不同，可以被分为自愿性工具、强制性工具、混合性工具。

自愿性工具的根本特征是基本没有政府干预，完全出于民间力量或市场自主自愿来完成治理事务。自愿性工具强调平等协商、自愿合作、节约成本，在诸如排污政策、节能政策、人权保护政策方面的功效较好，研究发现自愿性工具在西方发达国家的环境保护政策实施方面发挥了积极作用，成效显著。

强制性工具主要通过国家政府等强制力量来实施治理。政府主要通过多样化的规制手段和直接行动的方式对市场经济主体、社会组织及个体施加干预和控制，以实现其社会管理职能。个人、组织、企业在响应政策时没有或只有很少的选择余地，只能被动接受。

混合性工具是指同时具有自愿性和强制性特点的工具。这种工具的最终决定权在于政府，政府既可以把最终决定权交给私人部门代为行使，也可以收回自己手中，具体视不同情况而定，以避免因工具选择的简单化而造成的实施不力。混合性工具主要包括信息与劝诫、补贴、产权拍卖、征税与用户收费等[1]。

（二）顺德文化治理工具的运用

在顺德的文化治理过程中能看到三种不同的治理工具的运用。治理工具是将治理意图与治理理念通过具体行为转变为治理现实的手段。在治理过程中，治理主体会需要根据文化治理对象的特征与变化选取合适的治理工具。基于顺德的文化政策措施和治理现状，笔者将自愿性、强制性和混合性三类治理工具作为剖析顺德文化治理的重要维度，对顺德文化治理中出现的治理工具进行了归类（见表7-1）。

表7-1　顺德文化治理工具类型[2]

工具类型	工具名称	含义
强制性工具	监管执法	整治和规范文化市场违乱纪行为，恢复正常文化秩序
	审批管理	强化广电节目审批制度
	调查保护	非遗申报和文物活化工作、普查验收等工作
	产业规划	为文化产业发展作出合理定位和规划发展方向
自愿性工具	社会化	推动基层文化发展，建设文化志愿者队伍，补充基层公共服务发展力量；支持各方力量进入精神文明创建工作、产业发展和各类文体活动
	志愿制度化	促进志愿活动项目申报，促使志愿活动制度化、连片化
	培育市场	引入文化企业，培育文化产业链，打造富于竞争力的文化项目，创造与培育文化市场

---

[1]　刘笠萍. 现代治理工具的类型及运用策略 [J]. 领导科学，2020（8）：54-56.

[2]　表为作者自制，资料来源：《2009—2016年顺德区区委宣传部工作总结》。

工具类型	工具名称	含义
混合性工具	产业优惠	为文化项目提供资金、土地及政策支持，创造发展机遇
	服务外包	将文艺活动、文化项目等打包给第三方，提升资源运作效率和焕发市场活力
	设施建设	完善公共文化服务设施建设与文化产业项目设施建设，引入非政府主体参与建设
	项目导向	引入大型企业，培育文化产业的特色项目，打造文化事业各类品牌
	行业支持	在政府指导下，调动行业协会力量对区内文化资源进行统筹，做好行业支持与行业监管
	创新引领	根据区域和时代特色，听取和吸收各方意见，不断推出相关创新型政策和工程，如文化品牌和文化名片等
	舆论引导	加强新闻发布工作，向社会披露信息；做好舆情监控与网络问政工作
	理论教育	配合区委中心组理论学习；发挥社科力量
	策划宣传	媒体差异化管理；实施宣传大策划机制
	意识形态	加强意识形态建设，增强引领

据表7-1可知，顺德文化治理工具在强制性工具、自愿性工具和混合性工具方面都存在着相对应的政策措施与实施手段，具有分类施策特征。总体上看，顺德的文化治理呈现了以强制性工具和混合性工具为主、自愿性工具为辅的格局。

其中，强制性工具主要集中在顺德文化治理的方向把控、秩序维护和思想建设方面，侧重于传统的文化管理体制中的"管理"职能，负责设定文化治理的目标和规划文化产业发展方向，以及对文化市场违法乱纪行为进行惩处，为顺德文化发展设定了一个相对固定的边界，维护基本文化秩序；混合性工具则同时含纳政府逻辑和社会逻辑，这在文化产业扶持方面显得尤为突出，体现在政府为非政府主体参与文化治理划出发展空间，允许它们拥有一定的自主性和决策权，促进区域内文化治理的多主体参与和多元要素流动；自愿性工具虽然政策措施较为单一，但渗透和覆盖面较广，在顺德的各类文化产业、群众文化创建工作、品牌活动、志愿队伍和各类文体事业中都有所展现，这些活动的举办往往由官方引导、社区领衔或公司主导、广大人民群众参与，秉持自愿协商、平等合作、重在参与的文化理念。

此外，除了部分强制性工具时常单独使用外，每一项顺德文化治理的政策措施都基本上会综合运用三类治理工具，体现了交叉互补的特征。例如，在 A 游乐城、香云纱生产性保护基地、顺德创意产业园、伦教 678 文化街等"文产融合"项目中，顺德政府同时运用了多种治理工具（括号内是相应的治理工具）：将项目纳入了佛山市文化升级两年行动计划（产业规划）；引入知名企业进行相关的项目运作（项目导向）；给予部分的政策性优惠措施（产业优惠）；这些项目还能为顺德的文化市场增添新活力，是文旅产业融合的典范（培育市场）。

治理机制：归口统合、按章办事与主导合作

（一）重点项目：归口统合

在县域治理中，政府组织一般有两套运行模式：在常规时期和任务中，采取被称为行政科层制的常规治理模式，即政府部门按照法律法规政策进行专业化分工，解决好各部门的"分内之事"。另一种则是针对重要任务的中心工作机制，可以通过县级

党委将迫切、紧急的任务设定为全县的重大任务，打破部门边界，对组织资源进行重新整合，快速、有效处理任务[1]。

中心工作模式的一种重要制度载体便是归口管理制。所谓归口管理就是指县域党委的某个直属部门为主导，整合职能类似的政府机构，这些党政机构统称为"口"。在顺德区文化治理中，针对重点文化项目，宣传部作为全区"文化口"或"宣传口"的归口管理部门，会采用归口统合机制，将相关部门整合起来，打破一般的程序，加快项目落地。以下将结合一个重点项目的案例加以说明。

A项目是全省第一个文旅融合项目，是由全球第四的娱乐产业的巨头公司投资建成，因此受到了省、市、区的极力重视，成为顺德区招商引资的重要项目，也是宣传部（文化广电旅游体育局）牵头推进的重大项目。该项目几年前就已经在顺德落地，计划赶在A游乐城美食节前竣工。顺德政府的目标是保证A项目在时间节点前满足上级要求、顺利安全地竣工开业。因此，在合法合规的情况下，区委领导要求尽力协调各部门为该项目做好服务，加速办证过程，准备好市政道路等基础设施条件。宣传部（文化广电旅游体育局）作为政企双方的协调者，在督促项目最后落实进行安全生产检查方面发挥了巨大的作用。

笔者参与了一次A游乐城欢乐海岸项目安全生产检查活动，其主要内容是宣传部（文化广电旅游体育局）牵头协调多个部门，推动政企对接项目安全生产事宜。这次活动中，区委主要领

---

[1]　杨华，袁松. 中心工作模式与县域党政体制的运行逻辑——基于江西省D县调查［J］. 公共管理学报，2018，15（1）：12-22＋153-154.

导、区委宣传部（区文化广电旅游体育局）主要领导带队，联合区市监局、区消防大队、区住建局、区应急局、区气象局、大良经促局等部门以及 A 游乐城领导，双方的互动过程反映了顺德政府在面对重大项目时采取的态度和应对策略。

首先，主要领导现场视察了该项目的重点部分，如摩天轮、玻璃桥、湖边绿化等，对细节把控、质量把控和政企对接问题提出要求。而后，召开会议，安排政企双方对接。在这次会议上，宣传部（文化广电旅游体育局）起到了协调统筹各方的作用，部门主要领导利用党委权威，将作为"服务供给方"的有关部门和作为"服务需求方"的 A 游乐城负责人召集起来进行面对面商谈，直接对接和分配多项事务。双方的互动基本呈现三种状态："企业提需求，政府来满足""政府提规则，企业要遵守""两方实在难，领导变通行"。

1. 统筹部门："企业提需求，政府来满足"

会上，A 游乐城方面向政府提出工作难点与服务需求。如对尚未办理但又急需落地的各类证件问题，游乐城向主要领导提出办理需求，宣传部领导督促部门，而后有关部门当场对接，细化办理时间排期。再如，对于场区公共基础设施环境问题，企业提出一定要求，希望能解决燃气、道路和排水事宜，领导牵线并协调相关部门和主管公司给出处理事项的时间进度轴[1]。

在这个政企互动过程中，每当企业提出一个需求，相关政府部门就会当场进行对接，主要领导居中协调。对于有一些无法当

---

　[1]　资料来源：SD1907O06002，见书尾附录说明。

场明确的事项，主要领导表示能够回头沟通。这一轮下来，企业长期遗留的问题基本在一个小时之内得到了解决，这体现出了文化治理的核心主体——宣传部——对其他有关部门的统一领导和统筹。

2. 规制企业："政府提规则，企业要遵守"

游乐城提完诉求之后，在区委宣传部的领导下，各部门开始对 A 游乐城开发方提出工作要求，表明已经给予园区很多支持，甚至承担了许多风险，强调要加强开业后的长效监管，如消防安全、餐饮安全和应急隐患。针对需要企业整改的问题，主要领导督促并将整改事项予以专人专事对接，给出时间进度表，对企业的安全生产经营形成规制压力。企业也遵照各部门规定继续整改[1]。尽管在上一轮互动中，政府给予了企业许多政策便利，但在这一轮互动中，政府也通过专人专事的方式强化了对企业的管制，强调了责任归属。

3. 调适规则："两方实在难，领导变通行"

在会议上，A 娱乐城方面还提出了一些现有规则之外的创新做法，顺德宣传部的主要领导对此采取了灵活变通或报请上级协调的策略。

例如，顺德区燃放烟花受到管制，但游乐城园区每星期都必须燃放烟花，报批过程麻烦，不利于企业生产经营。园区询问是否能做计划统一报批。但是相关的审批部门属于市直属的条管部门，顺德区属政府部门在协调上存在困难。因此，主要领导并没

---

[1]　资料来源：SD1907O06002，见书尾附录说明。

有当场给出明确答复，而是表示 A 娱乐城可以先暂且制定烟花燃放计划，后续再尝试协调。再如，按照制度规定，在部门审批企业之前，需要先请第三方评估。但企业认为第三方评估和部门审批作用差异不大，类似于重复审评，会造成巨大浪费，因此希望主要领导能够变通处理，去除第三方评估。主要领导回复称，第三方评估是法律规定的，必须存在，但是流程可以优化，即部门和第三方并联进行[1]。

综上所述，在应对重点项目时，顺德政府会给予高度的注意力分配，由负责"文化宣传口"的宣传部对各部门进行统筹调配，并在一定程度上调适原有规则，加快项目落地、提升文化治理效能。需要注意的是，地方政府的灵活变通是有条件的，主要取决于领导的权威、治理事务被分配的注意力以及现行的法律制度要求与部门关系等因素。

（二）日常项目：按章办事

并非所有事务都能得到 A 项目那样的注意力分配，在文化治理中，更加常见的是针对一般项目的常规治理方式。在这些非重点项目中，顺德文化治理主体一般采取按章办事的方式加以应对。以下将结合 B 项目的案例进行说明。

B 项目是一个 J 镇的文化产业项目，起因是 J 镇试图抓住发展契机，利用自身独特的历史文化资源开发文化旅游产业，所以向顺德区倡导并申请了 B 项目。该项目已得到区委主要领导肯

---

　[1]　资料来源：SD1907O06002，见书尾附录说明。

定，并批示由区委宣传部（区文化广电旅游体育局）相关负责人了解情况，牵头协调前期筹备事宜。由于 B 项目还未正式上区委主要领导会议讨论通过，因此处于一个初步动议阶段。笔者参与了其中的一次动议会，观察了 J 镇、宣传部以及各部门的互动过程。

在这次会议中，区委宣传部（区文化广电旅游体育局）负责主持，J 镇相关领导、区自然资源局、区发改局与区国资局相关人员参会[1]。区委宣传部（区文化广电旅游体育局）虽然是协调部门，但不再像 A 项目中那样作为主导者，更多是听取各方意见，发文协调和向上级报告。J 镇作为直接的利益相关方，有很强的动机和兴趣来推动 B 项目。其他区级部门作为项目审批者、经办人，则是针对 J 镇的项目设想，在业务范围内尽量为 B 项目落地提供政策、资金和资源便利。由于 B 项目是 J 镇主动向顺德区提议的，因此并没有如 A 项目那般得到自上而下的大力支持。在涉及程序和规则的问题上，部门多以自身的业务要求为准。

首先，J 镇提出项目需求，试图争取区委区政府支持，获取宣传资源，在资质、土地和方案方面表达诉求，力图争取有关部门支持。接着，各部门一一回应 J 镇的诉求，并结合部门自身立场，对项目提出本部门的发展设想。例如，市自然资源局顺德分局基于职能定位，针对 J 镇现状提出了一个更合实际的方案。其次，制定规划向上级部门申请许可。再次是提醒 J 镇注意土地指

---

[1]　资料来源：SD1908O06002，见书尾附录说明。

标的刚性要求，表示 B 项目会有较大的土地指标压力[1]。部门有时会对 J 镇的诉求提供部门许可范围内的便利，但也可能会拒绝 J 镇的某些诉求。例如，国资局认为 J 镇提出的 20 年规划与区内的招商引资实际非常冲突，因此驳回诉求。此外，区发改局也认为其要求与现行政策和项目机会不符，也拒绝了 J 镇的资质诉求，驳回了申请。

在 B 项目的协调会中，各部门大多是在遵循部门规章和办事流程的状态下，采取公事公办的态度。B 项目属于 J 镇自下而上的动议，时常会因为部门自身立场而搁置。为了推动 B 项目，J 镇不得不遵循各区直部门的规章制度，调整 B 项目的规划和设想。

（三）外包项目：主导合作

除了区委宣传部（区文化广电旅游体育局）负责统筹的全区重点项目之外，区委宣传部（区文化广电旅游体育局）也有由内部科室专门负责的业务项目。这些项目通常是由宣传部的主管业务科室外包给签约项目的公司，由科室指定负责人定期与公司沟通，确定项目承包方、与项目承包方沟通项目大概内容和重要细节。笔者参与了 A 科室与 H 公司洽谈合作的文创大赛执行会议，观察了政企之间在文化治理领域的互动过程。

该项目的背景是，顺德区将举行首届创意大赛，设定与顺德有关的文化主题，邀请全国范围内的设计师等参赛人员以选定形式投稿，而后将邀请专家和群众进行评选，最终评选出获奖的大

---

　　[1]　资料来源：SD19008O006002，见书尾附录说明。

赛作品。这些大赛作品取得合法版权后，将进入市场，形成完整的文化创意生产链条。由于此次创意大赛是首届举办，用科长的话来说，"是一个全新的东西"，宣传部A科室也是在探索与企业间的合作方式。

A科室和H公司的互动模式，是一种政府主导的政企合作方式。A科室将创意大赛的策划执行工作作为一个项目打包给H公司完成。H公司在策划、方案和材料选择等细节问题上有高度的自主权，A科室可以考虑一部分细节，但不必干涉。但在重大方向性问题和关键环节上需要着重考虑A科室的想法，特别是责任归属、版权授权和意识形态问题，A科室会提醒H公司注意。例如，在责任归属问题上，所有展品要在A游乐城放置三个月，如果受到损坏应有担责人，会涉及A游乐城、C项目公司和区委宣传部（区文化广电旅游体育局）的责任归属，所以应该签一个安全协议。对于版权授权，H公司需要负责设计一个文化标识，在申请版权后再由A公司进行产权登记，将标识资产转移给政府，然后政府授权H公司批量生产。在常规程序上，需要走公开的招投标程序，直接由H公司生产不符合规定。但由于招投标过于复杂，H公司提出不需要政府介入，自己可以独立完成流水线，最后批量生产。针对H公司的诉求，A科室表示会考虑这个方案，报领导后再定。对于一票否决的意识形态问题，A科室特别要求H公司，所有的参赛及展览作品都应保持政治正确，每个工作人员都要严格把关意识形态问题[1]。

---

[1] 资料来源：SD1908O06003，见书尾附录说明。

第八章

走向"县域善治"：
顺德县域治理经验总结及启示

本章作者：黄伟民、陈那波

◇　　◇　　◇

　　使用"走向县域善治"作为本书的主标题是经过比较充分的思考和讨论的，"善治"是实现公共利益最大化的社会管理过程[1]，其主要特征是多主体合作参与治理，也是国家、社会和市场等不同治理机制之间相互协调的结果，而顺德在经济发展、社会治理、公共服务供给、文化治理等不同领域的治理过程和治理结果上均可圈可点，体现了县域中国在走向善治之路上的努力及其成效。使用"走向县域善治"作为本书的主书名，也试图表明顺德在探索县域善治的道路上的先行先试特征。中国的县域数量众多，不同地区、不同类型县域的治理资源、治理规模与治理能力不尽相同，不同县域所表现出来的治理效果也存在极大差异。一方面，从空间上来看，顺德是东南沿海经济发达地区的典型县域，研究顺德有助于我们认识和了解发达地区的县域治理状态和治理经验。另一方面，从时间上来看，由于县域发展道路的相似性，顺德在不同阶段所呈现出来的县域治理状态实际上也是全国不同空间内县域治理状态在时间上的分布体现，这也意味着顺德在发展中所经历的一系列问题也很可能会是中西部地区未来将要面对的，就此而言，顺德县域治理案例具备独特的参考价值。因此，本章尝试概括出顺德县域治理的基本模式，作为其他

---

　[1]　俞可平. 治理与善治［M］. 北京：社会科学文献出版社，2000：8.

地区县域发展的参照。需要强调的是，由于一个县域的治理规模相当庞大，治理内容十分复杂，本章也仅是对顺德治理中的一些重要领域进行研究和总结。

县域的发展条件及其创造

在本书中，我们可以看到，发达的县域经济是顺德最为显著的特征。改革开放四十多年来，顺德经济社会稳步发展，连续多年成为全国综合实力百强县或百强区第一名，经济规模远超过许多地级市和一些西部省份。在东部地区，类似顺德的县域经济体为数不少。可以说，正是由于像顺德这样的发达县域经济体的存在，中国才能成为世界第二大经济体。本书用了较大的篇幅描述顺德的基本情况，包括区位、历史文化和行政区划制度等各方面，必须说，顺德的经济起飞得益于当地优厚的发展条件。

第一，特殊的地理位置是顺德向市场经济转型的重要优势。顺德位于珠三角腹地、毗邻港澳，水陆交通便利，具有对外沟通的地理位置优势，也是改革开放的前沿地带。这有利于顺德吸引外资和引进技术，将资本、技术与廉价劳动力结合起来发展"三来一补"业务，参与国际贸易与合作，实现县域经济快速发展，形成了典型的外向型经济。在这一过程中，乡镇企业最先开始蓬勃发展，制造业成为县域经济的主导产业。

第二，传统的商业文化与乡缘关系网络为改革开放初期顺德经济快速发展奠定基础。一方面，地理因素塑造了顺德独特的社会文化，表现出商业氛围浓厚、市场意识强烈、具有冒险精神等特点。由于地理位置靠近海洋，河道众多，对外交往便利，顺德在历史上就是重要的贸易重镇。独特的地理环境也塑造了顺德近代以来的"桑基鱼塘"耕种模式。这种耕种模式超越了封闭的自然经济，是一种开放的商品经济形态，为顺德商业贸易发展创造了条件。在市场经济转型过程中，顺德人继承了传统的商业文化基因，投身于商业贸易活动，商业天赋得以施展。另一方面，历史上大量的顺德人定居海外，侨胞众多，在改革开放后与顺德建立了密切联系。因此，大量海外侨胞返乡投资设厂，带来了顺德经济发展所稀缺的资本和技术。

第三，顺德也长期具备相对的制度优势，这包括高层级领导人的关注、行政区划上的特殊性、政策上的相对倾斜等各方面。邓小平同志在1984年、1992年两次考察顺德，并在顺德提出了"发展是硬道理""思想要再解放一点，胆子再大一点，改革的步子再快一点"的论断。时任广东省委书记汪洋也对顺德十分关注，鼓励顺德在多个方面的制度创新。1999—2003年间，顺德市在经济、社会、文化等事务上被赋予地级市管理权限，其后又成为"省直管县"试点，享有地级市管理权限和行政执法权限，这些都成为顺德的各项行政体制改革的基础和前提。也正因此，顺德成为众多政策的试点区域，包括产权体制改革、大部制改革及社会治理领域的众多改革创新，而最近若干年在推进的"村改"也是顺德在"率先建设广东省高质量发展体制机制改革创新实验区"的政策利好下推行的。

对顺德的发展条件的概括和强调有助于中国的各县市去思考

自身发展条件的局限和超越，这可体现在以下几个方面：一是创造条件拉近"距离"，包括和资本、人才及市场的距离。中国的县域发展具备很强的空间结构性，发达的县域经济大多分布在珠三角和长三角地区，这些地区的空间位置使它们具备了和资本、人才、市场的距离优势。而对于中西部县市而言，在当前的交通条件和沟通条件都快速发展的背景下，空间的制约可以通过多种渠道来克服，距离的遥远也可以创造条件来拉近。二是要想办法挖掘传统。包括但不限于传统景点的开发、传统食品的品牌化和推送、传统工艺品的打造、乡贤资源的维系和拓展、民俗文化的仪式化和符号化等，越是具备特色的传统，越具备克服空间和距离制约的能力。三是多种方式争取政策。争取项目、争取政策支持、成为试点是各个地方获取资源和发展机会的重要方式，这要求县域政府加强政策学习，了解自身的长处和定位，把辖区的发展放置到国家发展的大图景之中，建立有机的联结，以获得更多的政策资源和发展机会。

地方政府的角色及其调适

已有大量研究讨论了中国地方政府在市场转型过程中的角色和作用，并解释地方政府行为发生的内在机制[1]。这些研究大都将财政激励和晋升激励看作是影响地方政府行为的重要激励机

---

[1] Oi, Jean C. Fiscal Reform and the Economic Foundations of Local State Corporatism in China [J]. World Politics, 1992, 45 (1): 99 - （转下页）

制，而这个机制推动着地方政府将资源和注意力集中于发展地方经济从而推动着中国经济的腾飞[1]。同样，在顺德的发展历程中，地方政府在经济发展和市场转型过程中发挥了重要作用：一方面，行政管理体制改革对地方经济增长影响巨大。为适应市场经济发展需要，顺德行政管理体制多次改革，决策和政策执行机制不断完善，极大地提升了行政效率。政府职能也从管理转向以服务为主，政府服务企业、服务社会的能力不断增强。另一方面，在不同时期，顺德政府发展地方经济的手段和方式存在差异，由最初直接介入企业生产经营活动转向现阶段对良好的营商环境的打造。在改革开放初期，县乡两级政府投资建设了大量乡镇企业，并直接干预乡镇企业经营管理活动，包括人事任免、财政收支、商品生产等各个方面。随着乡镇企业产权制度改革的实施，顺德政府直接介入企业经营管理的制度基础消失，从企业经营管理活动中退出，转而重视经营土地和基础设施建设，大力推动城市化发展。随着市场经济转型，碧桂园、美的、格兰仕、科龙等一大批在行业内具有重要影响力的民营企业发展起来，奠定了顺德县域经济的坚实基础。进入 21 世纪后，土地资源紧张、

（接上页）126；Walder, Andrew G. Local Governments as Industrial Firms: An Organizational Analysis of China's Transitional Economy [J]. American Journal of Sociology, 1995, 101 (2): 263 - 301；杨善华，苏红. 从"代理型政权经营者"到"谋利型政权经营者"——向市场经济转型背景下的乡镇政权 [J]. 社会学研究，2002 (1): 17 - 24；周黎安. 中国地方官员的晋升锦标赛模式研究 [J]. 经济研究，2007 (7): 36 - 50.

[1] 丘海雄，徐建牛. 市场转型过程中地方政府角色研究述评 [J]. 社会学研究，2004 (4): 24 - 30.

产业结构不合理、工业发展后继乏力等因素导致顺德经济增长速度开始放缓[1]，由此，顺德将村级工业园改造作为实现产业结构转型的关键举措，致力于推动产业结构转型，实现经济高质量发展。

顺德案例进一步印证了地方政府发展经济论的解释力，但也从另一个维度案例提醒我们一个基本的事实："发展经济的动力并不必然能带来经济的发展"。例如，已有的众多研究无法解释中国各地的地方政府面对财政激励和晋升激励的情况下，为什么有些地方的经济发展起来而另一些地方却发展无力。顺德的案例告诉我们，良好的发展条件和积极有为政府之间的互构才是地方经济发展的重要保证。

再者，顺德案例也提醒我们，相对于财政激励和晋升激励而言，制约县级地方政府发展经济行为的条件往往更加微观，而且在不断变化。例如，已有的地方政府发展经济论的一个重要的制度背景是分税制的出现，但如果更具体地看，在分税制实施之前，广东地区就享受着分成水平更高的财政包干制，而在最近几年，国地税的机构合并和预算外资金纳入监管也为中央和地方、地方政府层级之间的税收分享架构带来了新的变化，地方政府的行为也在因应这些变化在不断地产生调适。首先，财政激励依然强劲，但是激励结构发生变化。分税制改革之后，地方政府财政收入高度依赖于土地财政，但由于土地财政的不稳定性，地方政府需要减少对土地财政依赖，扩大财税来源。其次，政府绩效考

---

[1] 吴倩. 中国县域经济增长的迷局——顺德经济增长趋缓的思考 [J]. 生产力研究，2007（3）：79 - 80.

核多维化，组织内部监督更为严格以及自上而下的制度约束增多，都使得地方政府的治理目标变得多元化，地方政府行为需要符合制度规范。最后，组织外部治理环境约束越发刚性，地方政府面对着规模庞大的治理对象、多元化的公共服务需求和复杂多变的社会治理情景，地方政府面临的治理负荷沉重，对其治理能力和治理水平提出了更高要求。

从顺德案例来看，当前地方政府的角色既不同于西方政府的"守夜人"和计划经济时代的"父爱主义"，也超越了改革初期的"公司"或"厂商"角色，而是具有混合角色特征。具体表现为以下三个方面：第一，地方政府是制度建设者。地方政府不能越位代替企业进行经营和决策，但又通过完善制度设计和政策工具来影响产业发展和经济建设。第二，地方政府是公益经营者[1]。在当下的县域治理之中，经济增长固然十分重要的，但是实现整体性和综合性的善治成为治理的基本目标，发展思想也从"以经济建设为中心"转向"以人民为中心"，如何满足人民日益增长的美好生活需要，提供更高质量的公共服务成为县域治理的重中之重。第三，地方政府是秩序维护者。维护社会稳定，提高社会治理水平依然是地方政府主要工作内容之一。地方政府作为治理主体之一，在实现县域善治过程中发挥了重要作用。

顺德政府在地方发展中的积极有为的角色调适来源于适度放权所带来的制度激励，这也给国家县域发展政策创设带来一个明确的启示：一个有利于地方政府发挥主动性的制度设计对地方发

---

[1] 陈颀. "公益经营者"的形塑与角色困境——一项关于转型期中国农村基层政府角色的研究 [J]. 社会学研究，2018 (2)：88-114+244.

展的关键作用。这个制度设计的维度可以是多元的，可体现在财政的自主性，可体现在产业政策和经济发展方面减少上级管控，也可体现在行政资源调配权上的放权和松绑。如何通过有效的政策工具组合，从"一管就死，一放就乱"向动态的、钟摆式均衡转型，应是当前中国县域治理的核心议题，也是未来中国数十年发展动力的重要制度保证。

治理主体的多元建构与合作治理的实践

顺德的治理发展的另一个显著特征是多元治理主体的建构和合作治理的推进。既有的治理理论强调了不同主体之间的互动与合作，合作治理也就成为公共事务实现有效治理的重要方式和手段[1]。事实上，顺德县域治理是由地方政府主导、多主体共同参与的合作治理模式。合作治理模式中存在三种治理机制：行政机制、市场机制与社会机制。行政机制是指依赖于正式的行政科层组织及其所拥有的组织资源实施治理，市场机制是指借助企业等市场力量实施治理，社会机制则是通过吸纳社会组织和公众参与治理。合作治理模式产生的原因在于：一方面，随着治理规模扩大、治理环境刚性约束增强以及治理目标的多元化，治理负荷越来越沉重，仅依靠政府组织的行政力量难以有效应对。因此，

---

[1] 夏建中. 治理理论的特点与社区治理研究 [J]. 黑龙江社会科学，2010
　　(2)：125－130＋4；吴志成. 西方治理理论述评 [J]. 教学与研究，2004
　　(6)：60－65.

行政机制需要借助市场机制、社会机制来发挥作用，实现县域善治。另一方面，由于市场经济不断发展，企业、社会组织等主体的数量规模不断壮大，也成为县域治理中不可忽视的力量，政府与不同主体之间的合作治理成为可能。在顺德案例中，不同治理领域中都可以发现行政机制、市场机制和社会机制之间相互耦合形成的合作治理实践。

首先，在党政治理主体建设中，呈现出编制内和编制外人员相互结合的人事管理制度特征，行政化、社会化和市场化三者相互结合。一方面，公务员和事业编制人员构成了正式的编制内人员体系。另一方面，又存在着大量政府雇员和劳务派遣人员作为正式编制之外的非正式力量。顺德建立起完善的政府雇员制度，区委组织部、区民政和人力资源社会保障局以及各个镇街政府部门面向社会招聘政府雇员，同时还向第三方企业"购买"人力资源，借助顺德区人力资源协会力量招聘和培训劳务派遣人员。顺德政府借助市场机制和社会机制服务于行政工作，为实现县域善治提供人力资源保障。

其次，在经济治理领域，不仅是顺德政府在经济发展中发挥了重要作用，企业、社会组织也同样做出了重要贡献。顺德政府通过制定产业、税收、土地、人才等政策全方位推动经济发展，企业则不断进行技术创新，参与市场竞争，行业协会、商会等社会组织则为政企互动、企业间合作搭建平台。例如，以美的、碧桂园为代表的民营企业通过技术创新，成为行业领头羊；以顺德家具协会为代表的社会组织则在家具行业搭建市场平台，宣传贯彻产业政策，建立行业自律，促进行业内部交流，打造顺德家具品牌，为顺德家具业发展和品牌创建做出了重要贡献。

再次，在社会治理领域，政府主导，企业、各类社会组织和公众共同参与提高了顺德社会治理水平。以往的行政管理体制改革并未减少顺德政府承担的职能，而随着经济社会发展，政府面对的治理负荷只增不减，但人员编制数量却未显著增加，这是当前基层治理面临的主要困境之一。为此，顺德将资源下沉到镇街和社区，推动治理重心下沉。与此同时，顺德还改革社会治理体制，积极引导市场和社会力量参与社会治理，将部分管理和服务职能转移给企业和社会组织承担，开展村企结对共建行动，搭建企业家参与社会治理网络。顺德政府通过放开准入条件、创造登记便利、提供资金扶持等方式支持社会组织发展，大力培育和扶持行业协会商会、公益及慈善类社会组织、社区社会组织三类社会组织[1]，以适应经济社会发展的需要。顺德政府还在专业性、行业性强的领域探索法定机构改革试点工作，成立顺德区社会创新中心，以市场化、社会化方式运作，整合各方资源推动社会政策创制。企业和社会组织在公共服务供给、创造就业机会、维持市场秩序等方面发挥了重要作用，形成对政府治理的有效补充。

最后，在文化治理领域，形成了由政府主导，企业和社会组织共建的文化发展格局。第一，顺德政府推动文化治理体制改革，将顺德区委宣传部与区文化广电旅游体育局合署办公，主管文化、广播电视、新闻出版、旅游等事务，提高了行政效率，减少协调沟通问题，优化了管理服务职能。此外，顺德区委宣传部

---

[1] 顺德科学发展蓝皮书编委会编. 顺德科学发展蓝皮书（2012）[M]. 广州：广东人民出版社，2013：107.

（区文化广电旅游体育局）采取委托管理和权力移交的方式将多项文化管理权限下放给镇街，赋予镇街县级政府部门管理权限，提升基层部门治理效能。第二，大量的企业和社会组织参与文化传承与保护，推动顺德文化产业发展。例如，顺德富德公司作为广绣庄品牌的持有者，以市场为导向，推动广绣向海外出口，成为广东省文化出口重点企业。此外，众多的社会组织在社区开展形式多样的文化活动，丰富了社区居民的精神生活。

以顺德为参照，在大多数的经济欠发达的区县，合法登记的、具备独立行事能力的社会组织法人仍然十分缺乏，县域的企业参与社会治理的意愿和能力仍然很低。在这些县，多元协同、社会参与合作治理的基础仍然比较弱，更需重视的工作应为社会主体的建设、更适合当地县情的社会参与路径的创造等。所以，顺德的合作治理实践给其他的县域发展的启示更多体现在目标上，社会主体的建设和发展对政府的治理工作、社会治理的优化的积极作用是确定和值得期待的。

附　录

◇　◇　◇

关于调研经验材料的命名与引用说明：

本书统一按照"调查项目编号、资料生产时间、资料类型、资料内容的顺序、自然序号"的方式进行编码，如下表所示。

项目编号	时间	资料类型（取首字母）	资料内容	自然序号
（采用项目来源地点的缩写）如：DB——县域调查电白；SD——县域调查顺德……	资料获取年月（年的后两位＋两位月份）如：2010＝2020年10月	访谈资料 Interview ———— 座谈会 Meeting ———— 文件资料 Document ———— 观察资料 Observation	01. 领导工作与决策 02. 组织人事 03. 经济发展 04. 综合执法（如城管、市场监管等） 05. 公检法司 06. 意识形态 07. 公共服务 08. 技术治理 09. 社会组织 10. 居民生活 11. 企业与商户 12. 非正式性互动与活动 99. 其他	尾号后三位，自001起编，按自然顺序依次编码，以示同源出处材料的区别：如县域调查电白2019年8月产生的一份关于组织人事的访谈资料（一），编码为 DB1908I02001

关于本书所引用的调研经验材料，按照篇章顺序，汇总如下：

1. SD1707I02001：来自区住房城乡建设和水利局的访谈记录，2017年7月。

2. SD1707I02002：来自区住房城乡建设和水利局的访谈记录，2017年7月。

3. SD1907D03001：来自区财政局的数据资料,2019 年 7 月。

4. SD1908O03002：来自区经济促进局调研成员的观察日志,2019 年 8 月。

5. SD1907D03003：来自区财政局的数据资料,2019 年 7 月。

6. SD1907D01002：来自区委书记关于村级工业园改造的讲话,2019 年 7 月。

7. SD1907D01001：来自区委书记关于顺德企业家的讲话,2019 年 7 月。

8. SD1908D03001：来自区政府办公室的部门文件,2019 年 8 月。

9. SD1907D01003：来自区委书记关于顺德体制改革的讲话,2019 年 7 月。

10. SD1908I04001：来自区委宣传部关于职能转变的访谈材料,2019 年 8 月。

11. SD1907I06001：来自区委宣传部关于职能转变的访谈材料,2019 年 7 月。

12. SD1908O06001：来自区委宣传部调研成员的观察日志,2019 年 8 月。

13. SD1907O06002：来自区委宣传部调研成员的观察日志,2019 年 7 月。

14. SD1908O06002：来自区委宣传部调研成员的观察日志,2019 年 8 月。

15. SD1908O06003：来自区委宣传部调研成员的观察日志,2019 年 8 月。